# 金融グローバリズムの経済学

## 格差社会の形成と世界金融危機の勃発

萩原伸次郎
Hagiwara Shinjiro

かもがわ出版

# まえがき

　本書は、題名のとおり「金融グローバリズムの経済学」について書いたものですが、サブタイトルの「格差社会の形成と世界金融危機の勃発」が、その内容をより的確に表現しています。かつて、日本で「一億総中流」などという言葉が流布したことがありました。日本の高度成長が長期にわたって継続し、世界最大の債権国になった 1980 年代中頃、日本は「一億総中流」あるいは、「ジャパン・アズ・ナンバーワン」などといわれ、もちろん不平等はありましたが、「格差社会」という言葉は、わたくしの記憶に間違いがなければ、ありませんでした。小泉構造「改革」が実施され、新自由主義経済政策のもとで、大企業の内部留保と株価は上がるけれど、庶民の給料は上がらず、かつてあれほど上昇した国内総生産（GDP）も 500 兆円の水準を行ったり来たりの 2001 年以降の状況がこの言葉を生んだのではないでしょうか。

　本書は、こうした「格差社会」の形成を金融グローバリズムとの関連で、主としてアメリカを中心に描いたものです。なぜなら、金融グローバリズムの発祥地は、アメリカであり、現代の格差社会の源流もアメリカにあると思われるからにほかなりません。本書の第 1 章では、この金融グローバリズムがどのように生み出されてきたのかを追求します。わたくしは、その源流は、アメリカ多国籍企業の活動とそれを支える多国籍銀行・金融機関の行動が、戦後の国際通貨システムを彼らに都合よく改変したところにあると考えます。いうまでもなく、こうした国際機関は、単に輸出輸入の貿易関係から収益をあげるだけではなく、国際的に資本を動かすことによって、莫大な収益をあげることを追求します。このためのシステムづくりがどう行われてきたのか、そして、一般に「株主資本主義」といわれるシステムは、なぜアメリカに生み出されたのかについて考えてみましょ

う。第2章は、レーガン政権以降 G.W. ブッシュ政権に至る新自由主義経済政策がどのように金融グローバリズムとかかわり格差社会をつくり出してきたのかを示してみます。第3章では、世界金融危機がなぜ起こるのか、まずその理屈を探り、アジア金融危機と日本の金融危機から 2008 年9月のリーマンショックに始まる世界金融危機まで、その規模と深刻さを増幅させながら展開する経済危機について、それに対する政策対応とともに見ることにします。そして、第4章では、この格差社会をつくり出してきた金融グローバリズムを乗り越える戦略について考えることにしましょう。より良き未来社会に向けて、多くの人々とともにその道筋を考えていきたいと思います。

　本書は、かもがわ出版の三井隆典氏からのお勧めによるものです。「誰にでもわかる金融グローバリズムに関する書物を書いていただきたい」という要請を受け、それに応えるべく、できるだけわかりやすく書いたつもりですが、わかりやすくなっているかどうかは、読者の皆様のご判断をまつしかありません。三井氏の的確なアドバイスによって大幅に書き直し、金融グローバリズムと格差社会の形成について、納得のいく作品になったと著者であるわたくしは、思っています。こうした著作を上梓する機会を与えてくださった三井隆典氏に深く感謝申し上げます。

2019 年 10 月 31 日

萩原伸次郎

# 金融グローバリズムの経済学

──格差社会の形成と世界金融危機の勃発──

# も◆く◆じ

装丁　加門啓子

# 序 章

# 金融グローバリズムとは
# なにか

　金融グローバリズムと聞いて皆さんは、なにを連想されるでしょうか？
金融とは、お金を他人に貸して、利鞘を稼ぐことですから、そうした金貸
し業が、世界的に行われることと一口で言えばいえるでしょう。こうし
た時代は、いつごろから始まったのでしょうか。シェークスピアの喜劇
に『ヴェニスの商人』というのがあります。善良な商人アントーニオが、
狡猾な金貸しのシャイロックからお金を借り、期日までに返せない場合は、
肉1ポンドを切り取ってもいいと約束します。けれどもアントーニオは、
期日までに金を返すことができず、シャイロックに裁判所に訴えられ、あ
わや肉を切り落とされる瞬間、裁判官のひとこと「肉1ポンドとは書い
てあるが、血はそこには含まれてはいない、またきっかり1ポンドであっ
てそれ以上それ以下でもまかりならぬ」という言葉で、話が逆転するとい
う有名な喜劇あるいは悲劇かもしれませんが、シェークスピアは、イギリ
スの16世紀から17世紀初めに生きた人ですから、大変古いお話になり
ます。そんな時代にも金貸し業があったのです。それは、「大航海時代」、
主として、ポルトガルとスペインによるによる世界制覇の時代だったので
すから、金融グローバリズムも歴史をたどれば、その辺からの話というこ
とになるのでしょうか？

もちろんそうではありません。時代をさかのぼれば、16世紀や17世紀どころか、金貸し業は、商品生産とともに貨幣が発生したもっと古い時代からあったわけですが、これからわたくしが皆さんと共に学ぼうとする金融グローバリズムは、第2次世界大戦後の、アメリカ合衆国の世界制覇とともに訪れた、世界的な金貸し業によって出現した経済システムのことなのです。経済システムとは、私たちが生活するのに必要な、生産・分配・消費のやり方のことです。この経済システムが、世界的な金貸し業に支配されると、世の中がどうなるのかをわかりやすく説明しようというわけです。もちろん、こうした経済システムは、一朝一夕に出来上がったものではありません。まず大雑把に、シェークスピアの時代から、今日までの時代を振り返り、金融グローバリズムの時代とはなになのかを探索してみることにしましょう。

　わたしたちがいま生きている社会は、資本主義社会といいます。資本主義社会は、イギリスにおいて歴史上初めて誕生し、その経済システムが世界に広がり今日の社会を形成しているのですが、その基盤に商品経済の発展があったことを忘れてはなりません。商品経済とは、別名「市場経済」ともいいますが、そのシステムは、「村落共同体」と「村落共同体」との間で生みだされたといわれています。村落共同体とは、封建時代の経済的基盤であり、むらおさが、その共同体成員の生産・分配・消費のすべてを仕切って成り立たせている社会なのです。その村は、立地によって、魚が多く取れるとか、狩猟を中心に成り立っているとか特徴はそれぞれまちまちですから、共同体内の余剰生産物を他の共同体のそれと交換するということが起こります。これが市場経済の始まりですが、もちろん、この物々交換は、時代を経るごとに、ある特別な商品を貨幣に祭り上げ、交換がスムーズにいくシステムに変わっていきます。この貨幣は、最終的には、貴金属、すなわち金や銀に落ち着くのですが、この商品経済と貨幣によって、村落共同体の中においても、市場経済が浸透していくことになります。

こうして、生産者が自らの生産手段を駆使し、生産し、それを販売するという、小商品生産が、農村を基盤に起こってきますが、生産者が交換を通じて蓄積した貨幣を生産規模の拡大につなげ、他人を雇うようになると、資本主義経済の始まりということになります。さらに、雇う者・雇われる者に分かれ、生産活動を活発にし、販売を手広く行うことによって、資本主義システムは、局地的なものから地域的なものへ、そして国民経済に発展していくのです。

　ところで、この封建制の内部から出現した資本主義システムは、そこから自動的に出来上がったものではありません。19世紀の偉大な経済学者のひとり、カール・マルクスは、国家の権力的行使がその成立のカギを握っているとします。つまり、資本主義システムは、国家権力の行使によって、「頭から爪先まで、あらゆる毛穴から、血と汚物とをしたたらせながらこの世に生まれてくる」（カール・マルクス著、資本論翻訳委員会訳『資本論』第1巻、第4分冊、新日本出版社、1983年、1301㌻）というのです。この国家権力とは、封建時代から徐々に力をつけてきた、雇う者の階級、わたしたちは、これを初期ブルジュアジーと呼びますが、彼らが市民革命（ピューリタン革命1640年、名誉革命1688年）によって、国家権力を掌握し、資本主義システムを発展させるべく、様々な国家干渉を経済社会に行いました。それは、産業を保護し、一国の富の源泉を商業の興隆に求めたところから、一般には、重商主義と呼ばれました。そして、イギリスの18世紀において始まる産業革命において、蒸気機関が発明され、綿業の機械化が始まり、鉄道の敷設、蒸気船の発明によって、イギリスは、7つの海を制覇する大帝国に発展するのです。市場経済の形成と崩壊を「大転換」として骨太に描き切った経済人類学者カール・ポランニーによりますと、この19世紀は、「西ヨーロッパ文明の年代記に前代未聞の現象、すなわち平和の100年（1815年〜1914年）を生み出した」ことになるのですが、その後20世紀に入り、このシステムは、大トランスフォーメーションを

経験し、２度の世界大戦の中から、世界は、「集産主義（collectivism）」（生産手段を国有ないし公有とし、共同管理を経済原理とする主張のこと）の傾向に大転換していくことになるのです。

　カール・ポランニーはいいます。「ロシアは、独裁的形態のもとで社会主義へと転じた。自由主義的資本主義は、ドイツ、日本、イタリアのような戦争準備をしていた国々や、米国、イギリスといった国々——前者ほどではないが——においても姿を消した。しかし、ファッシズム、社会主義、ニューディールという勃興しつつあった体制は、自由放任の原理を放棄している点に限っては相似していたのである」（カール・ポランニー著、吉沢英成・野口建彦・長尾史郎・杉村芳美訳『大転換』東洋経済新報社、1975年、326ﾍﾟ）。

　ここで興味深いことは、1930年代から40年代にかけての危機の時代を経て、世界の様々な国は、ファッシズムからニューディールまで、様々な政治経済形態をとってそれに対応したと思われるのですが、19世紀に全盛を極めた自由放任の原理からいうとこれらいずれのシステムも、一様に自由放任を否定しているという似た面があったということなのです。しかも、ポランニーは、「市場経済の消滅は、先例をみないほどの自由の幕開けになりうる。法律上の自由と現実の自由はかつてないほど拡大され、普遍的なものになりうる」（同上訳書、342～3ﾍﾟ）といいました。こうしたことからわかるように、ポランニーは、「集産主義」的社会の将来をかなり楽観的にみていたのです。『大転換』は、次の言葉で終わっています。「あらゆる人々に対して、より豊かな自由をつくり出す任務に誠実であるかぎり、権力あるいは計画化が、それらの築きつつある自由を意図に反して破壊するであろうなどと恐れる必要はない。これが、複合社会における自由の意味である。そしてそれは、われわれの必要とするあらゆる確信を与えてくれるのである」（同上訳書、348ﾍﾟ）。

　しかしながら、残念なことに、こうしたポランニーの楽観的な見方を歴

史の現実が裏切ることになります。第2次世界大戦後展開されたロシアにおける「権力あるいは計画化」は、より豊かな自由を創り出すことに「誠実」ではなく、1991年12月、ソ連の消滅をもって終わりを告げました。ニューディール体制の戦後版、アメリカにおける巨大企業経営者と労働組合の連携を軸に形成された「ケインズ連合」は、1970年代の企業のグローバル化とともに崩壊してしまいました（この崩壊過程については、拙著『アメリカ経済政策史』有斐閣、1996年を参照してください）。また、戦後日本に形成された「日本型ケインズ主義」あるいは「日本型集産主義」は、アメリカからの新自由主義的圧力のもとに危機に瀕し、橋本改革、小泉構造改革、アベノミクスのホップ・ステップ・ジャンプの三段階攻撃によって葬り去られました（この過程については、拙著『オバマの経済政策とアベノミクス』学習の友社、2015年を参照してください）。

　こうして、かつて19世紀に自由放任思想を軸に世界を席巻した「市場システム」が、再び世界を覆い始めたといっていいでしょう。この思想は、かつての自由主義に対して、わたしたちは、「新自由主義」と命名するのですが、その経済的実体が、本書が検討の対象とする金融グローバリズムなのです。

　ところで、戦後の集産主義的システムがいち早く崩壊したのは、アメリカであったといえるでしょう。戦後「ケインズ連合」を基軸に形成されたアメリカ型「集産主義」は、1970年代以降のケインズ主義の崩壊とともに捨て去られてしまったからです。今日の金融グローバリズムの歴史的起源がその辺にあり、ロシアにおける「集産主義」の崩壊も日本における「集産主義」の崩壊もアメリカ型「集産主義」の崩壊に引き続き起こったわけですから、わたしたちは、やはりその震源であったアメリカに焦点を当てて検討しなければならないといえるでしょう。

　本書ではまず金融グローバリズムがどのように生み出されたかを論じます。ここでは、戦後の安定的なケインズ体制が、どのようにして新自由主

義政策の下、アメリカに金融覇権が築かれたかを論じましょう。第二に、わたしたちは、金融グローバリズムが、経済格差を生み出す大きな要因となっていることを認識しなければなりません。ここでは、金融グローバリズムは、どのようにして社会に格差を生み出すのかについて論じましょう。つづいて、第三に、この金融グローバリズムは、なぜ世界的な金融危機を引き起こすことになるのかを見ることにしましょう。しかもその金融危機は、時間がたつごとに規模と深さが深刻になっていきます。そして、国家による危機の救済が、巨大金融機関の救済となり、社会に格差を一層広げていくこととなります。私たちはこうした社会からどのように抜け出すことができるのでしょうか。本書の最後は、その試みと今後の展望について論じることにしましょう。

# 第1章

---

# 金融グローバリズムを
# 生み出したのは誰だ

## 第1節　国際化により利益を上げる企業とはなにか

### A　多国籍企業の誕生

　多国籍企業という言葉は今では普通に使われるようになりましたが、古くからあった言葉ではありません。多国籍企業とは、まず、少なくとも一つ以上の外国に定着した製造拠点、あるいはその他の形態による直接投資を持っていなければならない企業を意味しますが、第二にそれは真の意味でグローバルな見通しを持たねばならず、その経営者は、市場開拓、生産および研究に関する基本的決定を世界中のどこでもすぐに実行できうるものとして打ち出せなければなりません (*Business Week*, April 20, 1963)。国際投資には、直接投資と証券投資の二つの種類があります。直接投資は、企業の対外投資において、企業支配を目的になされるものをいいます。それに対して証券投資は、利子・配当の獲得を目指した対外投資であって、企業支配を目的とするものではありません。直接投資は、歴史上古く、アメリカでは南北戦争前にも存在した対外投資形態であるという指摘もあり

ます。けれども真の意味でグローバルな見通しを持たなければ多国籍企業とはいいませんので、歴史上言葉の真の意味で多国籍企業が成立したのは、第2次世界大戦後のことといっていいでしょう。また多国籍企業というのは、複数の国に法人企業をその国の法律に基づいて設立しますから、経営上は本国親会社によって一元的に支配されているのですが、国籍が複数という「多国籍」の冠<ruby>冠<rt>かんむり</rt></ruby>をつけるのです。とりわけ、1950年代後半から60年代以降の多国籍企業は、アメリカ企業のヨーロッパ進出を契機に誕生したといえるでしょう。

　その成立の第一条件は、戦後の交通・通信革命が、企業内の世界的な経営を可能にしたことにあったといえるでしょう。スエズ運河の開通、海底電線の敷設、海上船舶の顕著な発展など、19世紀後半の交通革命が与えた衝撃も確かに大きいものがありましたが、1950年代以降の交通・通信革命は、戦後の世界経済の緊密化を実現する技術的基盤をもたらしたといっていいでしょう。1950年代末には、輸送・通信技術の発展により、企業は、国民経済レベルを超えて世界的視野から経営を考えることができるようになったのです。ジャンボジェット機の出現、テレックス、通信衛星による国際電信電話網など、現代の日進月歩の技術革新は、世界市場を著しく国内市場と同様の水準に近づける技術的基盤を提供しているといえるでしょう。

　第二の成立条件として、戦後ヨーロッパで展開した経済共同体（EEC）の成立をあげることができるでしょう。ヨーロッパ経済共同体は、現在のEUのもととなったものですが、1958年にその活動を開始しました。その活動は、まず関税同盟として域内関税を廃止し、対外的共通関税を設定する、すなわち、商品取引の域内自由化をめざし、さらに資本および労働力移動の域内自由化も計画し、国民経済の枠を超えた一大共同市場の確立を目的としました。こうしたヨーロッパ共同市場の成立と同時に、これら諸国の通貨の交換性の回復が、戦後の国際経済緊密化体制の成立に与えた

影響も大きかったといえるでしょう。通貨の交換性の回復とは、現地通貨とドルとの交換の自由化を意味しますから、アメリカ多国籍企業が、対欧投資の利益を本国に還流させる基本的条件であり、資本の国際的移動の自由を促進するものでした。

　ところで、戦後アメリカの企業の多国籍化がまずヨーロッパに展開したことは事実として、いったいどのような企業がヨーロッパに直接投資を行なったのでしょうか。終戦直後は、マーシャル援助に見られるように、公的機関が主導する形で行われましたが、1950年代後半以降は、アメリカからの対外投資は、民間資本によるものが多くを占めるようになりました。1950年代半ばから1970年までのアメリカ合衆国から年々の資本流出額を調べてみますとそれは明らかです。すなわち、1955年にアメリカ合衆国総民間資本流出額は、12億5500万ドルでしたが、60年には38億7900万ドルに上昇し、64年には64億7800万ドル、70年には68億8500万ドルを記録するに至ります（**次ページの第1図**）。

　しかも民間資本流出額の中で、直接投資による資本流出額が、多くの比率を占めていることが注目されます。とりわけ、1950年代以降の直接投資は、アメリカ企業の多国籍化にその要因がありました。1950年代半ばから70年にかけてのアメリカ直接投資を地域別・業種別に検討すると、西ヨーロッパを中心に製造業に特化した形での特徴を見出すことができます。1955年段階においてアメリカの直接投資残高、つまり年々の直接投資の累積額は、カナダ、ラテン・アメリカ諸国がそれぞれ60億ドルを超える数値であったのに対し、西ヨーロッパは30億ドルにしかすぎませんでした。けれども、その後、西ヨーロッパへの直接投資が急伸し、その残高は、1962年にはラテン・アメリカ諸国の投資残高を抜き、1969年には、カナダへの投資残高も超え、地域的にトップの座に躍り出ました。その西ヨーロッパのなかでもEC諸国がその対象の中心になったことは注目していいでしょう。1969年のEC諸国への直接投資残高は、102億5500万

ドルであり、西ヨーロッパへの直接投資残高216億5000万ドルのほぼ半分を占めるからです。続いて、イギリスへの投資が多く、71億9000

【第1図】　　　　　アメリカ合衆国民間資本流出額（フロー）

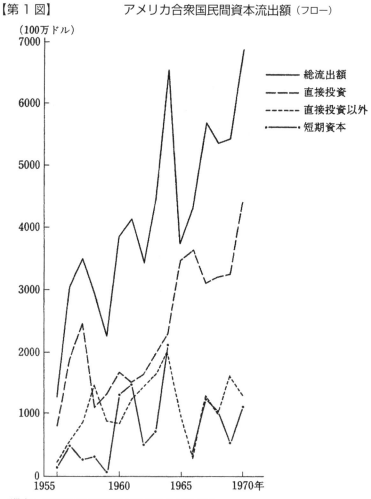

（100万ドル）

凡例：
━━━ 総流出額
━ ━ 直接投資
┈┈┈ 直接投資以外
・━・ 短期資本

（備考）　1965年の短期資本は流入額7億5400万ドル.
（出典）　U. S. Dept. of Commerce, *Historical Statistics of the U. S.*, Pt. 2, 1975, p. 866.

**【第1表】　　　　　アメリカ合衆国の対欧直接投資残高（1971年末）**

（単位：100万ドル）

| | 石油産業 | 機械工業 | 化学工業 | 輸送機器産業 | 食品産業 | 金属工業 | 商業 | 金融・保険 | その他 | 計 |
|---|---|---|---|---|---|---|---|---|---|---|
| イギリス | 2,101 | 1,744 | 879 | 961 | 471 | 324 | 594 | 740 | 1,374 | 9,128 |
| ＥＣ諸国 | 2,981 | 2,872 | 1,585 | 1,376 | 559 | 538 | 1,155 | 622 | 1,603 | 13,291 |
| ベルギー, ルクセンブルク | (D) | 363 | 340 | (D) | 52 | 60 | 232 | 300 | (D) | 1,838 |
| フランス | (D) | 744 | 330 | (D) | 133 | 87 | (D) | 67 | (D) | 3,059 |
| 西ドイツ | 1,249 | 1,172 | 373 | (D) | 195 | 214 | (D) | 167 | (D) | 4,908 |
| イタリア | 538 | 395 | 226 | (D) | 105 | 54 | (D) | 56 | (D) | 1,769 |
| オランダ | 556 | 198 | 316 | 31 | 74 | 124 | 175 | 33 | 210 | 1,717 |
| その他ヨーロッパ | 1,164 | 481 | 328 | 184 | 185 | 262 | 1,481 | 1,107 | 982 | 6,235 |
| 計 | 6,247 | 5,097 | 2,792 | 2,522 | 1,215 | 1,124 | 3,229 | 2,469 | 3,959 | 28,654 |

（備考）(D) は未公開.
（出典）U. S. Dept. of Commerce, *Selected Data on U. S. Direct Abroad:nt Aforeafin 1950-76*, 1982, p. 22.

万ドルを占めました。

　こうしたEC諸国を中心とした戦後アメリカ対外直接投資は、巨大株式会社として戦後大きな役割を果たした資本集約的産業企業が、輸出に代わる現地生産・現地販売を狙った経営戦略によって引き起こされたといっていいでしょう。したがって、これら企業の直接投資は、すべての業種にわたって平均的に行われたわけでは決してありません。1971年段階のアメリカ合衆国の対ヨーロッパ直接投資残高を業種別に検討しますと、石油産業、化学工業、機械工業、輸送機器産業という業種に集中して投資されていることがわかります。EC諸国へは、石油産業29億8100万ドル、化学工業15億8500万ドル、機械工業28億7200万ドル、輸送機器13億7600万ドル合わせて88億1400万ドルは、全産業132億9100万ドルの実に66.3％を占めたのでした（第1表）。

　こうした事実は偶然に引き起こされたわけではありません。1950年代後半以降急激に展開したアメリカ企業の対外進出は、ヨーロッパ経済共同体（EEC）の成立によって実現した広大な一元的製品市場を、現地生産・現地販売という方法で獲得しようとする輸出比率の高い資本集約的なアメリカ巨大株式企業の思惑のもとに展開されたものでした。しかも、こうし

第1章　金融グローバリズムを生み出したのは誰だ　　　　17

た産業企業はいずれも寡占市場において自社の製品の拡大を図ろうとする企業でした。寡占市場とは、数社で市場をシェアする巨大株式会社によって支配される市場のことです。戦後では、こうした寡占市場が国をまたがって形成されるという事態になり、私たちはそれを国際的寡占市場と呼び、そこでの企業の競争を国際的寡占間競争といいます。したがって、対欧進出によって成功をおさめた企業は、いずれも優れた技術力を持ち、新たな能率的な生産方法を導入し、効率的マーケティング技術を駆使してヨーロッパ市場を席巻したのでした。それは、アメリカ国内からの製品輸出の相対的減少をヨーロッパでの現地生産・現地販売によって乗り切ろうとしたアメリカ巨大寡占企業の戦略でした。

　具体的数値をあげてみましょう。1957年において、アメリカ化学工業資本は、ヨーロッパに対して、総額3億5300万ドルの化学工業製品を輸出しましたが、アメリカ化学工業資本による、ヨーロッパでの生産額は、その輸出額をはるかに超えて8億2200万ドルでした。機械工業製品の対ヨーロッパ輸出額は、同じ年6億8100万ドル、ヨーロッパでの生産額は、16億8700万ドルもありました。さらに自動車などの輸送機器については、やはり同じ年、ヨーロッパへの輸出額は2億4400万ドルでしたが、その現地生産額は、17億ドルを記録しました。もちろん、これらヨーロッパにおける現地生産額のすべてが現地販売されているわけではありません。けれども、アメリカ資本によるヨーロッパでの工業製品は、石油精製製品も含め、多くが現地で販売され、消費されたのでした。ヨーロッパに進出したアメリカの多国籍企業が、そこで生産した工業製品をアメリカに輸出するという比率は、他の地域に比較して小さいものでした。1957年にアメリカ合衆国は、ヨーロッパから21億8900万ドルの工業製品を輸入しましたが、そのうちヨーロッパで経営するアメリカ企業からの輸入額は、1億9000万ドル、たった8.7％にしかすぎませんでした。

　石油産業、化学工業、機械工業、輸送機器産業というヨーロッパに対し

ての直接投資の中心を形成した工業部門が、いずれも市場を数少ない企業でシェアする寡占市場をもつものであった事実は、すでに1950年代から指摘されていました。多国籍企業研究の草分け的存在のスティーブン・ハイマーは、次のように述べました。「対外投資が重要性をもつ産業というのは、集中度の高い産業である。これは自動車、電気機械設備、ゴム、事務用機械、製紙、ミシン、写真設備、エレベーター、穀物製品、清涼飲料水、石けん、安全カミソリについては確かにあてはまり、これらすべては、重要な対外投資を有している。このことは対外投資が極めて少ない産業、すなわち天然繊維織物、衣類、木材、家具、印刷、皮革等と対照的である」(S. ハイマー著、宮崎義一編訳『多国籍企業論』岩波書店、1979年、92ジ)。そしてさらに、1950年代末以降積極的にヨーロッパ展開を行い、多国籍化を図った産業は、単に集中度が高い産業に属していたのみならず、戦後世界市場の緊密化状況の下で、自己の独占的優位をフルに利用することでヨーロッパにおいて現地生産を展開し、ヨーロッパ企業との間に、国際的寡占間競争を挑んでいったのです。

　このようなアメリカ企業に対して、ヨーロッパ企業はどのような対応をしていったのでしょうか。第2次世界大戦後、アメリカ企業の経済力は確かに群を抜いていました。1964年の段階においても、アメリカを除く製造業企業最大200社の総売上高は、アメリカ製造業企業200社の総売上高の45％にしかすぎませんでした。しかし、アメリカを除く製造業企業の最大200社の全世界的な売上高の上昇は顕著であり、1974年までの10年間にアメリカ製造業企業最大200社の売上高の約2倍の伸びを示し、同じ年その比率は、89％の水準にまで達したのです。

　こうしたアメリカ以外の企業の急激な成長の展開は、当然にもアメリカ合衆国へのこれら企業の積極的進出を伴うものでした。若干の数値を示しますと、1965年に諸外国の対アメリカ直接投資残高は、87億9700万ドルでしたが、70年にそれは、132億7000万ドルとなり、75年には、

276億6200万ドル、1980年には、830億4600万ドルとなりました。これら諸外国の対アメリカ直接投資は、ヨーロッパ企業を中心に行われたのでした。ヨーロッパ企業による対アメリカ直接投資は、1960年代から70年代にかけて、その残高の実に60％から70％を占めたからにほかなりません。イギリス、オランダ、スイスの3カ国が主要投資国でして、それにカナダを加えた4カ国が1970年代対アメリカ直接投資の多くを占めたのです。

　1950年代から60年代にかけて、アメリカ企業の対ヨーロッパ展開が顕著となった点は、既述のとおりですが、60年代末から70年代にかけては、ヨーロッパ企業の対アメリカ展開という事態がそれに付け加わり、大西洋を挟んで直接投資の相互浸透状況が顕著となりました。世界の直接投資流入額に占めるアメリカ合衆国の地位は、年ごとに高まり、1970年代前半では16.2％、その後半では24.3％に上昇し、1980年から83年にかけては、35.3％の数値を記録するに至りました。

　1960年代末から70年代にかけてのヨーロッパ企業の対アメリカ展開は、どのような要因によって引き起こされたのでしょうか。その第一の要因は、巨大なアメリカ商品市場の存在であったことは間違いないでしょう。19世紀以来国内市場の発展が著しいアメリカ合衆国は、資源も豊富であり、本来貿易依存度の極めて低い国でした。1970年においてもアメリカ国内での財の総販売額のうち、9％程度が輸入に依存するにすぎませんでした。しかしその後、外国企業の対アメリカ輸出が活発化し、1980年になるとその比率は21％を超えるに至ります。外国企業とりわけヨーロッパ企業が、輸出で獲得した市場をより確実にするために、アメリカ国内での生産と販売という方式を選択するのは理解できることです。アメリカは、他の諸国に比較し、政府の規制は比較的穏やかですし、資本投下に対しても開放政策をとってきたからです。

　こうしたことに加えて、アメリカでは、高度な熟練度を有する労働力が

豊富でしたし、資本量の巨大な資本市場も存在したからです。とりわけ、1971年8月以降のドル価値の減価は、ドル資産の価値の減価を意味し、諸外国の対アメリカ投資をやりやすくしたことは明らかでした。もちろん、この時期、ポンドはドル以上に価値減価し、カナダ・ドルは、米ドルにリンクされていましたから、ドル価値の減価は、イギリス、カナダ両国企業には利益にはならなかったかもしれませんが、その他の諸国に対しては、アメリカ企業の買収や企業設立に対してドルの価値減価は、大きな役割を果たしたといえるでしょう。

　ところで、1960年代後半から70年代にかけて活発化した対アメリカ直接投資も、アメリカ企業の対ヨーロッパ直接投資と同じように、産業別に一様に展開したものではありません。1974年までは、まず石油産業への投資残高が大きな額を占め、64億ドルとなり、それらは、オランダ、イギリス、中東の資本によって支配されました。製造業への投資残高では、化学工業27億ドル、食品産業14億ドル、そして機械工業11億ドルが主な産業であり、総額82億ドルが記録されました。カナダ資本は、多くが食品産業へ、イギリス資本は化学工業へ、スイス資本は化学工業、食品産業へという分布を示しました。産業別に主要外資系企業を若干列挙すれば、石油産業のシェル・オイル社、スタンダード・オイル社、化学工業のチバ・ガイギー社、食品・飲料産業のネッスル社、ジョセフ・E・シーグラム・アンド・サンズ社、電気機械工業のノース・アメリカン・フィリップス社があげられるでしょう（次ページの第2表）。

　これら産業企業は、いずれもアメリカ現地企業と競争しても勝ち得る技術的優位性があったといえるでしょう。また、アメリカ企業を買収する場合においても、あるいは新企業を立ち上げる場合においても、マーケティング技術も含めたアメリカ市場での経営競争上の優位性の確保は、アメリカ進出企業にとって至上命令となったといえるでしょう。

　アメリカ多国籍企業のヨーロッパ進出は、アメリカ巨大寡占企業が、世

【第2表】　　　　　在米主要外国所有企業ランキング

| 会　社　名 | 外国所有者・国籍・所有比率 | 売　上　高<br>(1974年見積り) | 産　業　・　製　品 |
|---|---|---|---|
| | | (100万ドル) | |
| Shell Oil | Royal Dutch Petroleum Company, オランダ<br>Shell Transport & Trading Co., イギリス(69%) | 8,493 | 石油, 化学 |
| Engelhard Minerals & Chemicals | Anglo-American Corp., 南アフリカ (30%) | 5,377 | 商業, 貴金属精錬加工 |
| W. R. Grace | Friedrich Flick Group, 西ドイツ (11%) | 3,472 | 化学, 消費物資・サービス, 食品, 石炭, 石油 |
| Brown & Williamson Industries | British-American Tobacco, イギリス (100%) | 2,300 | タバコ, 百貨店, スーパーマッケット |
| Standard Oil of Ohio | British Petroleum, イギリス (25%) | 2,166 | 石油, 化学 |
| Grand Union | Cavenham Ltd., イギリス (51%) | 1,563 | スーパーマッケット |
| Joseph E. Seagram & Sons | Seagran Company, カナダ (100%) | 1,561 | アルコール飲料 |
| National Tea | George Weston, Ltd., カナダ (84%) | 1,404 | スーパーマッケット |
| North American Philips | Philips N. V., オランダ (60%) | 1,379 | 電気・電子製品, 化学, 家具, 音楽設備 |
| Schlumberger, Ltd. | Schlumberger Family, フランス (21%) | 1,318 | 油田サービス, エレクトロニクス, メーター |
| American Petrofina | Petrofina, S. A. ベルギー (72%) | 953 | 石油, 化学 |
| Airco | British Oxygen Company, イギリス (35%) | 760 | 産業用ガス |
| Akzona | Akzo N. V., オランダ (65%) | 754 | 化学, 人造繊維, ワイヤー, ケーブル, 食品, 皮革 |
| Ciba-Geigy Corporation | Ciba-Geigy, スイス (100%) | 745 | 化学, プラスティック, 薬品 |
| The Nestle Company, Inc. | Nestle Alimentana, スイス (100%) | 722 | 食　品 |
| Alcan Aluminum | Alcan, カナダ (100%) | 705 | アルミニウム |

(備考)　外国所有比率10％以上. 1974年見積りの売上げが7億ドル以上の企業.
(出典)　U. S. Dept. of Commerce, *Foreign Direct Investment in the United States*. Vol. 3. App. A., 1976. pp. 11, 14, 15.

　界的販売額をヨーロッパ進出による現地生産・現地販売によって拡大しよ
うとする戦略のもとに展開したことは既述のとおりですが、このヨーロッ
パ企業のアメリカ進出も、戦後アメリカ企業に負けまいとその規模拡大を
図ったヨーロッパ巨大寡占企業の競争戦略によるものだったといえるで
しょう。大西洋を挟んだアメリカ・ヨーロッパ間の資本の相互浸透の意味
するところは、戦後復興とともにし烈さを増した、アメリカ・ヨーロッパ
巨大寡占企業の企業間競争であったのです。

## B　多国籍銀行・金融機関の誕生

　1950年代後半から60年代にかけて、アメリカ企業の多国籍化が引き
起こされたことは、既述のとおりですが、アメリカ商業銀行の多国籍化は、
1960年代後半から70年代にかけて急速に展開しました。商業銀行の多

国籍化は、なぜこの時期に急激に展開されたのでしょうか。次に、これについて探っていくことにしましょう。

　この海外支店設立ブームによって、一つの銀行が複数国において経営を行う銀行組織である「多国籍銀行」という新しい言葉が生み出されました。1981年に国際連合超国籍企業センターによって公表された「報告書」によりますと、多国籍銀行とは、「5カ国以上の異なる国、地域において支店ないし、多数所有の子会社を有する預金受け入れ銀行」と定義されます（United Nations Centre on Transnational Corporations, *Transnational Banks and Their Effects in Developing Countries*, 1981, p.22）。

　この規定をより詳しく述べますと、多国籍銀行とは、世界的規模での支店網を通じて本国本店による経営管理を徹底させ、国際的視野により利益を追求する商業銀行ということになるでしょう。アメリカ商業銀行の多国籍化は、1960年代中頃から70年代中頃にかけて、在外支店数の急増という事実で明らかになります。1964年に180であったアメリカ商業銀行の在外支店数は、1975年に実に762を超えるまでになったからです。しかも、連邦準備制度加盟銀行在外支店の資産額をみれば、1970年代にその額が急増していることが明らかです。1971年に551億ドルを示した在外支店資産額は、79年に2900億ドルを超えたのであり、一店当たりの資産額は、単純に平均すると、これと同じ時期、1億ドル足らずであったものが、3億7000万ドルに急増しているからです。

　さらに躍進するアメリカ商業銀行の在外支店の地域分布をみてみますと、きわめて特徴的な事実が明らかとなります。1971年段階で、在外支店は、ラテン・アメリカに約4割、すなわち577店中229店が集中していましたが、アメリカ商業銀行在外支店の資産額は、670億ドルのうち351億4300万ドル、ほぼその半分が、イギリスに集中していたのです。したがって、一支店当たりの資産額は、イギリス店が最も大きく7億3200万ドルでして、ラテン・アメリカにおける支店の平均資産額1100

万ドルに比較すれば、その資産規模は格段に大きかったのです。

イギリスすなわちロンドンへのアメリカ商業銀行の在外支店の集中は、理由のないことではありません。ロンドンは、国際金融の中心地であって、産業的に衰退したとはいえ、ポンド・スターリングを基礎とする様々な金融的便宜がそこにはありました。また、保険・海運業においても侮れない力を持っていたからです。事実、アメリカ商業銀行は、1953 年において、すでに 10 の支店を置いていたのです。

ところで以上のアメリカ商業銀行の支店開設の急増が、これら商業銀行の多国籍化を意味したことは明らかだとしても、すべての商業銀行が多国籍化を果たしたわけではありません。その多国籍化は、バンク・オブ・アメリカ（Bank of America）、ファースト・ナショナル・シティ・バンク・オブ・ニューヨーク（First National City Bank of New York）、そしてチェース・マンハッタン・バンク（Chase Manhattan Bank）の巨大 3 銀行を軸にして展開したのでした。1972 年当時、アメリ商業銀行の在外支店が 648 を数えたうち、実にその 429 店がこの三大銀行によるものでした。

さてこうした、アメリカ商業銀行の多国籍銀行化が、それではなぜ1960 年代後半に急激に引き起こされたのでしょうか。その要因は、1965 年 2 月 10 日、時の大統領リンドン・ジョンソンが議会に送った国際収支に関する教書にありました。ここでジョンソン大統領は、アメリカ商業銀行が対外貸し付けを行うとき、それに金利平衡税を課すと述べ、アメリカ商業銀行に自主的な対外貸し付け規制をかけたからでした。金利平衡税は、1964 年 8 月に成立した法律で、アメリカ合衆国で発行される外国株式ならびにすべての外国債券に税金を課すとしたもので、アメリカからの証券投資の増大を抑えようとする法律でした。この法律を今度は、アメリカ商業銀行の対外貸し付けにも適用させようとするのですから、アメリカ商業銀行は、在外支店を設置して、本店から貸し付けるのではなく在外支店から対外貸し付けを行おうと多国籍化の道を選択したのでした。

けれどもそんなことをしたら、戦後築かれたドル体制は崩れてしまうのではないでしょうか。在外支店から貸し付けるということが、現地の通貨で貸し付けるということならば、世界的に君臨した米ドルの地位は後退することになるのは明らかではありませんか。そこにはアッと驚く金融市場の新展開があり、それがまた、金融グローバリズムと直接かかわるのですが、それについては、項を改めてお話しすることにしましょう。

## C 金融グローバリズムの歴史的起点

### <金・ドル交換停止でドルは信認を失うのか>

　1971年8月15日、世界は、アメリカ大統領ニクソンの発表に愕然（がくぜん）としました。アメリカが、1944年のブレトンウッズ協定によって各国の通貨当局に約束してきた、金1トロイオンス＝35ドルという、ドルと金との交換を停止すると発表したからです。8月13日金曜日、ニクソン大統領は、主要閣僚を伴って、メリーランド州にある大統領の別荘、キャンプ・デービッドに向かったのです。この山荘は、フランクリン・ローズヴェルト大統領が、ワシントンD.C.の夏の暑さから抜け出す避暑地の山荘として、1942年に建設されました。第2次大戦中、ローズヴェルトが連合国のヨーロッパ侵攻作戦をイギリス首相チャーチルと練った場所でもあります。そのほか、現在に至るまで、アメリカ大統領が様々な決断を世界に向かって行った山荘でもあります。この金とドルとの交換停止は、時の財務長官ジョーン・コナリーのリードによって行われましたが、日本におけるその衝撃の大きさは、ニクソン・ショックとして語り継がれています。

　ところで、この金ドル交換停止は、ニクソン大統領がそのとき発表した経済政策の一つにすぎませんでした。そのほかニクソンは、一時的に10％の輸入課徴金を課すと発表しましたし、国内では、90日間の賃金・物

価・賃料の凍結、10％の新設備投資への税額控除、個人所得税減税の繰り上げ実施、連邦自動車消費税の廃止による減税を打ち出しました。また、47億ドルもの連邦財政支出の削減も提起されたのでした。この政策は、インフレ気味の経済停滞を払拭し、貿易赤字の解消をはかるものといわれました。しかも、政治的には、困難な経済状況を克服し、翌年1972年11月投票の大統領選挙を有利に進めようとする現職大統領の思惑があったに違いありません。その点では、大成功に終わった経済政策の発表と実施であったといえるでしょう。なぜなら、この新経済政策によって、1973年1月10日まで、経済成長率、消費者物価上昇率、失業率、いずれの指標も好成績を収め、72年大統領選挙では、現職ニクソンの地滑り的大勝利だったからです。

　ところで、世界経済に衝撃を与えた金ドル交換停止は、なぜ実施されたのでしょうか。それは、1957年ごろから始まるドル危機が一向に収まらず、アメリカの金保有額が金とドルとの交換を1トロイオンス＝35ドルで実施できないレベルまで落ち込んだことにありました。

　ここでは、第2次世界大戦後のアメリカの国際収支の特徴をお話しする必要がありますが、その前に、国際収支と国際投資ポジションについて少々説明することにしましょう。まず国際収支における経常収支について説明しましょう。

　厳格な鎖国状況でもない限り、すべての国は、対外経済関係に入ります。商品輸出による受け取り、対外投資からの収益、移民による対内送金、その他の収入を海外から獲得しますと、これらはまとめて経常収入といい、逆に商品輸入による支払、対内投資からの生じる支払、移民による対外送金、その他の支払いを海外に行いますと、それは経常支払いとなり、その差額が、経常収支というわけです。経常収入が支出を年々うわまわりますと、それを経常収支の黒字という表現をしますが、その国には、年々貯蓄がたまっていくことになります。

これを家計になぞらえますと、経常収入が一家の稼ぎで、経常支払いが一家の支出になります。稼ぎが多くて支出を上回れば、経常収支は黒字で、その分貯蓄になり、自動的に貸借関係において貸し付けが発生することになります。貸し付けられるお金は、家計から出ていくことになりますから、資本収支において自動的に赤字が発生することになります。したがって、年々稼ぎの多い家計には、貯蓄が年々積みあがっていくことになります。

　ところでこの貯蓄は、どこに存在するのでしょうか。それは、いうまでもなく銀行です。したがって、稼ぎの多い家計には、自動的に銀行の預金が蓄積される、つまり、債権額が積みあがっていくことになります。国の債権・債務もこれと理屈は同じです。経常収支の黒字は、自動的に対外的貸借関係において貸し付けが発生することになります。つまり、経常収支の黒字は、自動的に資本収支の赤字となるわけです。国際経済関係の場合、支払いは通常、国際金融の中心地において、中心国の通貨が国際的支払いに使用されますから、経常収支の黒字の国には貯蓄が蓄積され、自動的に資本収支の赤字、すなわち対外的貸し付けを行うことになります。また、逆に経常収支の赤字の国は、対外的借り入れを行わなければなりません。

　ここからおわかりのように、経常収支の黒字を継続させますと資本収支の赤字、すなわち対外貸し付けが自動的に継続するわけですから、国際投資ポジション（対外債権累積額から対外債務累積額を差し引いたもの）がマイナス、つまり債務国であっても、いつかはプラスになり、債権国となるでしょう。逆に、経常収支の赤字を継続させますと資本収支の黒字、すなわち対外借り入れが自動的に継続するわけですから、国際投資ポジションが、プラス、つまり債権国であっても、いつかは、債務国になるでしょう。

　こうした経常取引から生じる資本取引に対して、経常取引にかかわらない資本取引は、国際投資ポジション上、どのような働きをするのでしょうか。アメリカによる資本輸出が行われますと、長期短期にかかわらず自動的に、アメリカには、長期短期の債権額と同じ対外短期債務が発生します。

資本輸出をするためには、現地の通貨を買い、ドルを売らなければならないからです。買った通貨で、現地で工場を建設し、労働者を雇って事業を始めますと、アメリカにとってその直接投資は、対外債権の発生となりますが、現地国には、その金額の短期ドル債権、アメリカからいうと短期ドル債務が生じるということです。

逆にアメリカに対して資本輸入が行われますと、アメリカには債務と同時に自動的にその分の対外短期債権が発生します。外国人がドルを買い、自分の通貨を売ってドルを獲得するからです。アメリカにとって外国通貨は、対外短期債権になります。したがって、アメリカによる資本の輸出・輸入がどのように行われようとも、経常収支には関係なく、資本収支上において常にバランスがとられることになりますから、資本収支の勘定のみで、プラス・マイナス・ゼロになるのです。

したがって、アメリカによる資本輸出入が激増したからといって、アメリカが対外債権国になったり対外債務国になったりすることはありえません。つまり対外債権国あるいは債務国になるか否かは、常に経常収支の動向がカギを握っているのです。

さて、話を前に戻して、第2次世界大戦後のアメリカの国際収支について述べましょう。アメリカの国際収支は、第2次世界大戦後1970年代まで、経常収支は基本的に黒字でした。特に1960年代は、継続的に黒字の状況が続きます。つまり、アメリカは、対外的に債権を積み重ね債権国の立場を盤石なものとしていたのでした。

それではなぜドル危機などということが起こったのでしょうか。それは、一言でいいますと、アメリカがその経常収支の黒字をはるかに超える外国への資本輸出をしていたからなのです。戦後の国際通貨体制は、ドルを基軸に行われました。したがって、各国は、アメリカ・ドルを持っていなければ、国際決済を行うことはできません。そこでアメリカは、様々な手段を使って、ドルを供与したのですが、もしアメリカが経常収支の黒字を継

続し、資本輸出をしなければ、世界から、ドルを吸い上げてしまうことになります。なぜなら、アメリカの経常収支が黒字ということは、諸外国のアメリカに対するドルでの支払いが、アメリカが支払うより多くなりますから、放置すれば世界から国際決済手段のドルがなくなってしまうことになります。そうなれば、戦後築かれた決済システムは崩壊です。

そこでアメリカには、ドルを供給する義務が生じ、資本輸出を行ったのです。なぜなら、既述のように、資本輸出は、諸外国に短期のドル債権を持たせることになるからです。理屈からいうと、アメリカの経常収支の黒字分、つまり、アメリカが諸外国から吸収するドル分を資本輸出で補えば、世界の決済システムはうまく動くはずです。

ところがアメリカは、大幅にその分を超えて資本輸出を行ったのでした。ドルを補う以上にドルを供給（これを過剰ドルといいます）しましたから、各国に蓄積された短期ドル債権が、金との交換を求めてアメリカに戻った、言葉を換えれば、アメリカから金が流出したというわけなのです。

短期ドル債権を金に交換することを要求された場合、アメリカは、その要求を拒否できません。1960年代においては、ドゴール体制下のフランスが積極的に金交換を要求し、アメリカの体制に揺さぶりをかけました。日本は、対米債権を金に交換することなく債権のまま所有していました。日本の大蔵省の説明は、債権だと利子がつくが金だとそうはいかないという理由でしたが、その後の金価格の高騰を考えるとフランスの行動のほうが賢かったといえるでしょう。日本は、1960年6月23日に発効した新安保条約の日米経済協力条項によってひたすらドルを支えたと言い換えてもいいでしょう。けれども、こうした日本などの協力があったものの、アメリカは、金とドルとの交換によって金保有額を連続的に減少させていきました。

1949年にアメリカの金保有額は、245億6300万ドルもありましたが、金ドル交換停止が行われた1971年には、101億3200万ドルという水準

に落ち込んでしまいました。1961年に既にアメリカの金保有額は、外国の短期ドル債権額を下回り、自由金市場での金価格上昇が開始されていましたから、早晩ドルと金との交換は停止されるか、ドル価値の減価が引き起こされるだろうことは、予期できたものでした。

　しかしこの時期、ドルと金との交換が停止されたならば、国際通貨ドルの信認が問われ、ドルを基軸とする国際通貨システムが崩壊するのではないかという考えがありました。ブレトンウッズ協定において、金1オンス＝35ドルという交換レートは、ドルと金を結び付け、それによってドルの国際通貨としての信認が得られているのだとする見解によるものです。したがって、こうしたドル信認問題がでてきますと、この時期、ドルに代わる国際決済の手段として SDR が議論され、実際に実施に移されたことは理解できます。

　SDR は、Special Drawing Rights の略称ですが、特別引出権と呼ばれ、ドル危機の深化とともに IMF で正式に議論されることになりました。1968年3月17日、ストックホルムで開催された IMF10カ国グループ会議において、SDR の創設に最終的決着がつけられ、1970年1月1日に、最終の SDR の配分が34億ドルとなり、その配分は進みましたが、国際決済の準備通貨として SDR がその後着実に増加することはありませんでした。もちろん今日においても SDR は存在し、1SDR を構成する各国通貨量は、国際的貿易ならびにファイナンスにおける相対的重要性に応じて決定されるとされています。アメリカ・ドル44％、ユーロ34％、日本円11％、英国ポンド11％の比率であり、中央銀行による外貨準備として SDR が使用されるのを単一世界通貨創設のプレリュードとするエコノミストもいます。

　国際通貨システム形成研究の著名な研究家であったリチャード・ガードナーは、当時、SDR による国際決済システムの出現を目の当たりにして、「ケインズは、ハリー・ホワイトに25年後になってようやく勝利で

きたといえよう」（Richard N. Gardner, *Sterling-Dollar Diplomacy, The Origin and the Prospects of Our International Economic Order,* McGraw-Hill Book Company, New York, Jan.,1969, p.xxv）と述べていますが、これはかつて、第2次世界大戦後の国際通貨体制創設にあたって、ケインズが提起したもののアメリカのホワイトに拒絶された「国際清算同盟」（International Clearing Union）における決済通貨バンコールが、ようやく IMF における SDR に形を変えて実現するのではないかとする期待を込めた言い方だったといえましょう。

　しかしなぜ、SDR は、ドルを基軸とする国際通貨システムにとって代わることができなかったのでしょうか。


　　＜ユーロダラー市場と金融グローバリズム＞


　ここでわたしたちは、戦後復興とともに実現されたケインズ主義的自由貿易システムを支える金融システムと異質な国際金融システムが徐々に形成されてきた歴史的事実をたどってみなければなりません。リチャード・ガードナーが、「ケインズの勝利」などと暢気（のんき）なことをいっている間に、実は、戦後のケインズ主義的貿易システムを崩壊に追いやるシステムの形成が徐々に行われてきた事実を見逃してはならないのです。それが、ユーロダラー市場の形成であり、それが今日ユーロカレンシー市場として、国際資本移動の急速な移動の場として、わたしたちが注目しなければならないものなのです。

　ユーロカレンシー市場などという聴きなれない言葉は、いったいなにを意味するのでしょうか。その歴史的淵源は、ユーロダラー市場の形成にありました。このユーロという言葉は、現在ヨーロッパで統一通貨として使用されていますユーロとは異なりますのでご注意ください。ユーロカレンシーとは、その国で使用されている国民通貨、例えばわが国の円が国境を

越えてそのまま存在していることをいいます。したがって、ユーロダラー
とは、アメリカ国外に存在するドルということになります。もちろん、ユー
ロダラー市場といわれるように金融市場にアメリカ・ドルが存在している
のですから、より厳密にいいますと、ユーロダラーとは、アメリカの国外
に所在する銀行が負っているドル建ての預金債務のことをいうのです。銀
行がドルを預金として受け入れますとそれは、銀行にとっては、債務にな
ります。したがって、アメリカの銀行にあるドル預金をそのままアメリカ
国外の銀行に預け替えたときにユーロダラーは誕生し、その預金を元手に
貸し付けられる国際金融市場をユーロダラー市場といい、それを受け入れ
る銀行をユーロ銀行と呼びます。もちろん、預け替えられたドル預金は、
ユーロ銀行の資産として、同時にアメリカの銀行のそのユーロ銀行所有の
預金として計上されますから、ユーロダラーが糸の切れた凧のようにアメ
リカ以外の国を徘徊するというわけではありません。

　それではなぜアメリカの銀行に預けてある預金を、ドルのまま預金と
して受け入れるアメリカ国外に所在する銀行にわざわざ移し替えるので
しょうか。ユーロダラー預金は、アメリカの国内預金金利がレギュレーショ
ンＱといわれる最高金利規制によって抑えられたため、それを逃れてよ
り高い利殖の機会を求めた結果生じたものです。

　すでに述べましたように、アメリカは、資本輸出を通じたドル供給を通
じて各国に短期ドル債権を蓄積させていました。各国の通貨当局には膨大
なドル預金があったのです。これら巨額なドル預金を保有する各国通貨当
局は、当然のことながらそのドルの有利な運用の機会を求めていたのです。
ですから、彼らは自己の保有するドル債権の相当の額を、アメリカ国内の
金利よりかなり高い金利のユーロダラー市場に投資したのです。そのほか、
アメリカの巨大保険会社、巨大石油会社、たばこ会社などのアメリカ多国
籍企業がユーロダラー資金の提供者となりました。

　こうした様々な源泉から供給されたユーロダラーは、商業銀行、投資

ブローカー、ディーラー、貿易会社、多国籍企業などへと貸し付けられたのでした。ユーロダラー市場の貸付金利は、ロンドンのポンドでの借り入れより低く、さらにニューヨークの一流貸出金利よりなお低かったのです。

　つまり、ユーロダラー市場は、アメリカ国内の金利規制を逃れ、中央銀行の統制にくみしない自由な国際金融市場として爆発的発展を遂げたのです。元はといえば、1940年代末から50年代にかけて、貿易で稼いだドルの凍結を恐れたソ連と中国がアメリカ国外に所在する銀行へドルのまま預けたことが、このユーロダラーの始まりで、当時、ドル不足に悩む西側諸国の銀行が積極的に受け入れたことで拡大していったといわれます。1960年代には、ロンドンを中心としてユーロダラー市場が形成されますが、その後半からは、アメリカの銀行がヨーロッパに多くの支店を設け、アメリカの銀行の在外支店がユーロダラーを扱うようになります。したがって、前項で述べましたアメリカの銀行の急速な在外支店の設置は、決してドル圏の縮小ではなく、逆にアメリカの金融統制にくみしない金融市場をアメリカ商業銀行それ自身が作り出していったということになります。ジョンソン政権の対外貸し付けに金利平衡税を課すという措置に対抗してアメリカ商業銀行自らが海外に支店を設置し、ユーロダラー市場を通じて国際貸し付けを行っていったわけですから、ドル圏の縮小ではなく、ドル圏の拡大がこのユーロ市場を通じて実現していったということになります。

　ここで注目しなければならないのは、1971年の金ドル交換停止以降、1973年の変動相場制への移行、そして、国際資本移動の自由という体制が確立するにつれ、ドルはユーロダラーとして、国際金融市場において重要な通貨として、いよいよますますその存在意義を増していった事実です。1970年代は、変動相場制下で、通貨トレーダーが通貨取引を通じて為替相場を決定していくという国際金融市場の発展が、シンガポール、ロンドン、バーレーン、ルクセンブルグ、バハマなどにおいてありました。

1974 年から 1980 年にかけて総額 1500 億ドルもの資金が OPEC、すなわち石油輸出国機構からユーロ市場に流れ込み、国際的に活動を続ける銀行を通じてラテン・アメリカ、アジア、アフリカの諸国に貸し付けられていったのです。

　こうした、ユーロカレンシー市場のアメリカ国外での活発な活動から、アメリカ政府はついに、1981 年、アメリカ国内において、国際金融ファシリティ（International Banking Facilities）の創設に踏み切ります。この国際金融ファシリティ、略称、IBFs とはいったいどのような組織なのでしょうか。このファシリティは、アメリカの預金金融機関に、外国居住者や機関に対して金融サービスを提供することを認めたのでしたが、その金融サービスは、中央銀行預け金に資金を割く必要はなく、また、州あるいは地方所得税の免除がなされたのでした。IBFs は、アメリカで事業を行っている金融機関にユーロカレンシー市場で事業を展開する金融機関と同様の条件を提供することによって、在アメリカ金融機関に、より強い国際競争力をつけさせることを目的として開設されたといっていいでしょう。したがって、IBFs は、ユーロダラー市場の一部とみなすことができるのです。

　ところで、ユーロ市場における貸し付けとはどのようなものなのでしょうか。ここでは、1973 ～ 4 年の石油危機後、途上国貸し付けにおいて注目されたシンジケートローンについて述べてみることにしましょう。ここでのユーロ・シンジケートローンとはどのような貸し付けをいうのでしょうか。国内の金融市場ですと借り入れる側の企業担当者は、過去のいきさつもあって簡単に個々の銀行と折衝し、融資を受けることができます。しかし、ユーロ市場は、かなり複雑で、借り入れる側にとって個々の銀行と折衝することが困難なのです。したがって、貸し付け側がシンジケートを組んで、借り入れ側と折衝することが自然の姿になるのです。有力銀行が幹事行（managing bank）、つまり取りまとめ役となり、仲介的な業務を

こなすことになりますが、小さい銀行もシンジケートに組み入れ、巨額な融資から生じるリスクを分散させることを試みます。

　1970年代に進んだこのユーロ・シンジケートローンは、ユーロ銀行（ユーロ預金を受け入れ貸し付けを行う銀行）が、石油価格の高騰を通じて集めた多額のオイルマネーを、主として非産油国の経済開発に役立てる資金として貸し付けていきました。ユーロ市場は、本来短期市場でした。多国籍企業の運転資金、金利格差を利用して私益を得ようとする金利裁定資金、通貨当局の準備資金、オイルマネーなどがユーロ市場に流れ込んできたのですが、いずれも短期資金で、いつでも換金できる流動性の高い貸付先が必要とされるのです。

　経済学ではよく流動性という言葉がでてきますが、現金のことと理解すればわかりやすいでしょう。ですから例えば、流動性危機ということは、現金がない状況の危機のことですが、それはさておき、この短期資金を長期の開発資金として活用する貸付手段が、ロール・オーバーという方法であったことはよく知られています。つまり、短期で調達するのですが、普通6カ月ごとに更新して、短期で調達した資金を結果として長期で貸すことができるという方法なのです、これをロール・オーバーといいます（詳しくは、奥田宏司著『多国籍企業とユーロカレンシー市場——ドル体制の形成と展開』同文館、1988年、214〜223ジ参照）。

　ユーロダラー市場の展開が、ドルの国際的利用を著しく増大させたことは明らかでした。国際貿易のみならず国際資本取引においてドルの必要を増大させたことは、世界経済においてドルの占める位置を向上させたのです。国際金融でかつては、貿易勘定のような経常取引が中心部分を占め、その取引の結果として資本取引が計上されたことは既述のとおりで、国際資本取引、とりわけ資本の投機的取引は、厳しく規制されていたのです。こうしたシステムが、ケインズ的世界経済といわれるものだったのです。けれども、ユーロダラー市場を基軸に形成されつつあった世界では、国際

資本取引が独自に展開し、したがって、その動きに世界の経済実体が規定されるという新たなシステムの幕開けとなったのです。

　それではなにゆえこうしたシステムが戦後のケインズ的世界経済のなかから出現したのでしょうか。それを解くカギは、戦後展開したアメリカ多国籍企業の形成にあるとわたしは考えます。アメリカ多国籍企業・多国籍銀行が、国民経済の枠組みを超えて資本活動を展開し、ドルを基軸に国際資本取引の自由を世界的に実現したものこそ、現代の国際金融システムであり、あえて命名すれば、新自由主義的世界経済における金融システムということができるでしょう。こうした国際資本取引の自由に基づく経済システムが、経常取引の自由化と固定相場制という IMF・GATT 体制と対立する側面を持ったのは明らかでした。現代の国際金融システムは、ノンシステムでもなければ、ただ単に国際協力によってドルを国際通貨とするシステムが形成されているというわけでもありません。

　アメリカ多国籍企業活動がその国際展開にドルを必要とし、ドルを基軸とする世界経済システムが実質的に形成してきたという歴史的重みを認識すべきなのです。


## 第2節　国際資本取引の自由化は、どう進んだのか
### ──戦後ケインズ体制の崩壊と金融グローバリズム──

### A　自由な投資システムの揺籃期：1945 ～ 60 年代

　第 2 次世界大戦後、世界経済システムにおいて国際貿易に重点がおかれたことは明らかでした。GATT は、戦後国際貿易の多角的発展に大きな力を発揮しましたが、こと、国際投資については、当然ながら何一つ条項を持ってはいませんでした。GATT では、関税の一括引き下げを目指して

ラウンドといわれる加盟国による交渉が行われましたが、1986年9月にウルグアイ・ラウンドが始まるまで、投資問題は全く議論されたことはありませんでした。それは一体なぜだったのでしょうか。それは戦後の世界経済のシステムは、投資の自由化を目指したものではなく、世界貿易を活発にすべく、その自由化をいかに進めるかを基本的に考えていたからです。

1944年、ブレトンウッズ協定によって成立したIMFも事情は同じでした。IMFは、国際貿易から生じる国際的支払いを円滑に進めるために設立された機関ですから、直接投資や証券投資に関しては、その自由化を積極的に進める機関では、もちろんありませんでした。そもそもIMF協定では、経常取引にかかわる為替管理と資本規制は別立てでとらえられていました。IMF協定第8条は、経常取引にかかわる為替制限を禁止したのですが、第6条において、この禁止条項は資本取り引きにかかわる為替制限を含まないとしましたから、加盟国は、必要ならば国際資本取引を制限することができたのです。財の貿易やサービス取引などの経常取引は、制限してはならないのですが、国際的資本の貸し借り、つまり、直接投資や証券投資など、とりわけ短期的な投機を目的とする資本の国際的取引は、厳しく規制されたのでした。この規制は、国際的金融危機が勃発したときなど、自国経済から資本が逃げ出し危機をより一層深刻化させることを防ぐにはぜひとも必要な装置だったのです。

IMFと同時に設立された世界銀行はどうなのでしょうか。この機関は、途上国政府に資金を貸し付けて、インフラ整備を積極的にサポートすることに力を注ぎましたから、直接投資には関連しているのですが、民間の直接投資を推し進める機関ではありませんでした。インフラ整備とは、道路や水道・電気あるいは、港湾整備など、私たちの生活に欠かせない生活基盤の整備をいいます。

それでは、戦後アメリカを主軸とする西側諸国において、自由な投資シ

ステムの形成に積極的役割を果たした機関はなかったのでしょうか。もちろんありました。それは、経済協力開発機構（OECD）でした。この機関は、1961年9月、戦後マーシャル計画の実施機関として大きな役割を果たした、ヨーロッパ経済協力機構（OEEC）を改組して出来上がったものですが、当初から資本取引の自由化を掲げているのがIMFと異なる点でした。マーシャル計画とは、1947年アメリカ大統領トルーマンによる、ソ連封じ込め政策のもとで、アメリカ国務長官マーシャルが発表したヨーロッパ復興計画のことですが、OEECは、その多額な資金を受け入れる機関としてヨーロッパに設置されたものでした。OECDにおいて採択された自由化綱領には、経常取引の自由化規約とともに、資本移動の自由化規約も含まれていました。

　資本移動の自由化コードは、一つは、貿易外経常取引にかんする綱領で、海運、保険、投資収入などの項目の自由化に関するものでした。当時は、サービス貿易というコンセプトがありませんでしたから、海運、保険などは、貿易外経常収支に計上されたのですが、もう一つが資本取引に関する綱領で、直接投資、証券投資などが自由化されるべきであると記されています。したがって、OECD加盟国は、IMFの枠内で考えられる資本自由化をはるかに超えるレベルで資本取引の自由化を求められることになるのでした。

　資本移動の自由化コードは、対外直接投資に関する自由化を一層前進させ、長期貸付資本移動の自由も認め、100％の株式所有を意味する完全所有子会社や支店の設置のための投資活動の自由を認めるものでしたし、貿易外経常取引に関しては、利潤、配当、利子の支払いに関する移動の自由を認め、さらに直接投資プロジェクトにかかわる対外送金の自由化を実現するとしたのでした。つまりこの戦後の時期から、OECDは、多国籍企業の世界的な自由な活動を保証する制度的なルールを形成する機関として働き始めたといえるでしょう。

しかしながら、戦後のこの時期に国際投資の自由化を、多くの国がかかわる GATT のような多角的交渉によって進めることには無理がありましたから、いきおいその協定は、二国間で進められることになったのでした。アメリカには、昔から、友好・通商・航海条約を二国間で進める伝統があります。1788 年、フランスとの間のその条約は有名ですが、もちろん、それには投資それ自体を含む条約ではありません。けれども、第 2 次世界大戦後は、友好・通商・航海条約において、投資が中心的役割を果たすようになります。戦後アメリカとヨーロッパは、共同でヨーロッパ再建に取り組むことになりましたが、マーシャル計画における公的な経済援助に加えて、民間の外国資本をヨーロッパに呼び寄せることが復興をいち早く実現させるためのまさに要石となったのでした。したがって、アメリカは、この 1940 年代終わりから 50 年代の初めにかけて、ヨーロッパ諸国といくつかの友好・通商・航海条約を結ぶことになりました。

　しかしながら、これら投資に関する条約の条項は、投資による企業設立の権限やその保護にかかわるもののみだったのです。したがって、より広範な投資に関する協定は、引き続く、二国間の投資協定によって実現されることになりました。

　ところで、1960 年代から 70 年代にかけて、ドイツ、スイス、フランス、イギリス、オランダなどは、次々と二国間の投資協定を結ぶことになりますが、それらは多くが旧植民地諸国との間の協定であったことは注目されていいでしょう。

　1950 年代から 60 年代にかけては、多国籍企業と現地政府との関係は良好でした。この時期にアメリカの企業は、マーシャル援助後のヨーロッパに多数進出し、また発展途上国にも進出しました。第 2 次世界大戦後は、経済開発の進展、そしてまた、60 年代を通じての高度経済成長が、企業の多国籍化とともに引き起こされていったのでした。企業の直接投資は、その受け入れ国から歓迎されましたし、また直接投資を送り出すその母国

においては、貿易、雇用、技術への悪影響が問題とされない時期でもある幸福な時代だったといえるでしょう。

## B　自由な投資システムの受難期：1970年代

　しかし、事態は1970年代になると急変します。アメリカからの多くの企業の海外進出は、まず、多国籍企業を生み出す直接投資母国アメリカの組織的労働者の批判を呼び起こしたからです。とりわけ、1973年から74年の第1次石油危機をきっかけとするスタグフレーションが、アメリカ経済に深刻な失業問題を引き起こしたのです。第4次中東戦争でイスラエル寄りのスタンスをとる西側諸国に反発するOPEC諸国が、それら諸国への石油禁輸措置をとり、石油価格の急騰とともに、物価騰貴（インフレーション）を伴う景気停滞（スタグネーション）が引き起こされたのです。スタグフレーションとは、停滞（スタグネーション）と物価騰貴（インフレーション）から創り出された造語ですが、組織労働者にとっては、企業の多国籍化が、国内における雇用を海外に移転させ、スタグフレーションにおける失業を深刻化させた張本人だと思えたのです。

　1975年12月10日、アメリカ労働総同盟・産別会議（AFL・CIO）の法律部門責任者、アンドリュー・ビーミラーは、上院外交委員会多国籍企業小委員会の公聴会において、彼らの決断を次のような諸点からなる勧告として取りまとめたと発言しました。「多国籍企業の海外活動を特別に有利にする税制を廃止すること、雇用、投資、生産性への多国籍企業の影響を詳細に計測する連邦による包括的な監視をすること、アメリカの最も先進的な生産設備、産業プラントの輸出を規制すること、アメリカ資本および技術輸出の規制をすること、アメリカ人の雇用確保を助け、強力な産業基盤を持った経済としてアメリカの未来を確実にするために輸入を規制すること、われわれは、アメリカ議会がこれらの諸問題について取り組むべ

きまさしくその時であると考える」(U. S. Congress, Senate, Committee on Foreign Relations, Hearing before the Subcommittee on Multinational Corporations, *Multinational Corporations and United States Foreign Policy* (Part 13), U. S. G. P. O., Washington, D. C., 1976, D. C., 1976, p.88)。

　この勧告は、戦後築かれたケインズ主義的経済政策の延長線上にあることは明らかです。つまり、アメリカ企業は、海外に進出することをやめ、自らの資本、技術、労働を駆使して、積極的に輸出に励むべきであると勧告したからです。国民経済の枠組みをしっかり保持し、国際貿易を積極的に展開することによって、各国の経済成長を実現し、雇用の安定を図ることが、戦後ケインズ主義の基本であったことを、読者の皆さんは、思い出していただきたいのです。しかし、こうした組織労働者側からの批判もむなしく、アメリカ企業は多国籍化の一途をたどり、アメリカ経済の産業空洞化は、経済全体の生産能力、ひいては輸出能力の十分な発展を実現することができず、今日に至るまで、アメリカ貿易赤字が継続的に引き起こされてしまったことは今や明らかなのです。

　ところでこの時期は、以上のような多国籍企業の母国からの批判のみならず、その受け入れ国からの批判の声も聞かれたことはここで注目しておく必要があるでしょう。しかもその批判は、既述のような多国籍企業母国の組織労働者の要求と同じ次元ではなく、戦後ケインズ主義的世界経済システムへの批判も含まれていたのでした。つまり、戦後のアメリカを基軸とする世界経済のシステムは、先進資本主義諸国同士の経済発展を国際貿易の相互進展によって実現しようとしており、しょせん、発展途上国の経済的発展などその蚊帳の外だったのです。

　こうした批判は、多くの途上国が加盟する国際連合において、具体的な行動となって現れました。発展途上国が中心となって、1974年5月、二つの国連総会決議がなされます。第一の決議は、新国際経済秩序（NIEO）

を確立するための宣言でした。新国際経済秩序とは、今となってはあまり聞きなれない言葉になってしまいましたが、NIEO、すなわち、ニュー・インターナショナル・エコノミック・オーダーといわれ、先進国と開発途上国との経済ギャップの縮減には、戦後 IMF・GATT 体制に代わる新しい国際経済秩序が必要とされたのです。なぜなら、戦後 IMF・GATT 体制は、ケインズ主義的な財政・金融政策によって、持続的経済成長を実現するというものでしたが、この政策は、しょせん高度に資本主義が発展している経済諸国における政策であり、発展途上にある諸国を意識的に引き上げるという政策ではなかったからでした。

　こうして、第二の決議として、この新国際経済秩序を達成するために必要な具体的な行動が要請されることになります。いくつかその要請を列挙してみますと、次のようなものでした。①途上国の輸出収入を確保するために価格安定化メカニズムを構築すること、②負債の軽減、援助の増額、先進国資本市場へのアクセスの改善のため国際的金融改革を実施すること、③途上国の技術基盤を強化するために先進国に援助を求めること、④発展途上国間の貿易と協力を強化すること、⑤外国資本によって国民的発展を図るため、多国籍企業に規制をかけ、利潤の母国送金へ限度を設けること、⑥途上国の天然資源の恒久主権の実現のため国有化を必要とすること、そして、⑦その補償に関しては、現地の裁判所によるというカルボ原則を是認すること、などだったのです。

　これらの要求をみてみますと、いずれも、発展途上国の自立的経済展開を実現させることを狙っていることがわかります。この時期の多国籍企業に関する規制は、その多くが国際連合の組織を通じて行われました。国際連合経済社会理事会（UN Economic and Social Council）は、事務総長に多国籍企業の国際活動について勧告する賢人会議の創設を要請し、20 名からなるこの会議は、1974 年 6 月、多国籍企業に批判的な二つの勧告からなる報告をまとめます。その第一が、超国籍企業について永続的な新た

な委員会を創設することでした。この報告では、多国籍企業に代わって超国籍企業（transnational corporation）という言葉が使われましたが、それは国境を越えて活動する企業ということをより強調するための表現だったといえるでしょう。第二の勧告は、国連事務局に超国籍企業に関する情報・研究センターを創設し、多国籍企業の行動規範を作成するため、途上国に技術サポートをしようとするものでした。

　経済社会理事会は、1974年12月、超国籍企業委員会と超国籍企業センターを設置しましたが、48人のメンバーの多くは、途上国から選出された人たちでした。これらの機関の設立目的は、多国籍企業活動の本質とその影響について理解を深め、自国の経済発展に資する多国籍企業との効果的な国際協定を結ぶことでしたが、受け入れ国、ホスト国ともいいますが、その政府に多国籍企業との交渉力を強化させることも目指されたのです。また、超国籍企業センターには特別に諸任務が与えられ、なかでも最も重視されたのが、超国籍企業の行動規範を作ることでした。この行動規範は、もちろん強制されるものではありませんでしたが、国際機関の権限による多国籍企業への倫理的説得の手段となって、一般の支持を得ることが目指されたのでした。

　1970年代前半は、多国籍企業批判が続出した時代だったのです。けれども、途上国が国際連合の多数を占めているとはいえ、多国籍企業を規制する行動規範は、先進国の同意を得られなければ成立するものではありません。超国籍企業委員会は、行動規範について政府間の作業委員会を設置し、草案作成の準備に取り掛かりましたが、結局実現はできませんでした。なぜかといいますと、時代が進むにつれ、多国籍企業を規制し、その行動規範を柱とする新しい国際経済秩序を楽観的に展望できる時代ではなくなってきたからです。石油産出国の交渉力はアップし、石油価格急騰による石油危機が引き起こされるまでになりましたし、新興工業諸国の中には、自ら多国籍企業を創出する国も現れるまでになりました。東アジアで

は、韓国・台湾・香港・シンガポールのいわゆる「アジア NIES」が、外資を導入して発展しましたし、今まで閉鎖経済を維持してきた中国が、その列に加わり、改革開放路線を 1979 年からとりはじめ、発展途上国同士の利害が一致しないという状況となってきたからです。多国籍企業の規制による新国際経済秩序の形成という路線は、時代の要請に合わなくなってきたといえましょう。

## C　自由な投資システムの形成期：1980 年代〜

　1970 年代は、多国籍企業への規制が試みられた時代でしたが、1980 年代から 90 年代になると多国籍企業活動の自由化が進展し、自由な投資システムのグローバルな形成が様々なレベルにおいて取り組み始められます。

　多くの途上国政府は、直接投資に敵対的な態度をとっていましたが、1970 年代後半の外資を取り入れて経済成長を実現したアジア NIES の成功があり、1980 年代から 90 年代にかけては、多くの経済セクターにおいて外国人所有比率の自由化が行われ、直接投資の認可のプロセスが簡素化されることになります。例えば、インドでは、1991 年に自由化が開始され、34 の産業分野で、51％までの外国人所有比率が自動的に承認されましたし、直接投資に関わる技術移転、ライセンス協定などの規則が次々と自由化されました。1993 年には、外国人所有企業の内国民待遇が確定され、インド企業と差別なく外国企業も営業が可能となったのです。内国民待遇とは、外国企業を自国民企業と同じ条件で処遇し、差別してはならないとするものです。インド独立以来、初めての経済的自由化政策の実行となったのです。

　多くの途上国の自由化に、1991 年 12 月ソ連邦の消滅が大きく影響していたことは明らかでした。中央集権的な経済システムに市場経済が取っ

て代わる大きな激動期を世界経済は迎えることになったといえるでしょう。もっともこの自由化も、すべての産業において一様に進展したというわけではありません。金融部門の自由化が比較的遅くなったのに対して、かつてその多くが国有部門だった鉱業やインフラ部門においては、民営化が実施されるのと同時に外国企業にもその所有権が認められるようになったのでした。

　地域レベルの投資の自由化において、アメリカ多国籍企業は、カナダ、メキシコ間の貿易と投資の自由化を求め、それは、1994年1月、北米自由貿易協定（NAFTA）となって実現しました。この協定は、1989年に成立していたアメリカ・カナダ自由貿易協定（USA-Canada Free Trade Agreement）を発展させたものでした。NAFTAの特徴は、重要産業において厳格な地域内調達比率が定められており、サービス貿易の自由化、知的財産権に関する規則など、域内企業の競争力の強化が意識的に図られている点にあるといえるでしょう。

　サービス貿易、知的財産権に関しては、つぎの世界貿易機関の設立の項で詳しく述べるとして、地域内調達比率（ローカル・コンテント比率）について、それが域外外国企業を差別することになる仕組みを説明しましょう。例えば、域外外国企業である日本のトヨタ自動車が、メキシコで子会社を作り、自動車生産を始めたとします。トヨタ自動車が、自動車の組み立てのために部品を日本から輸入したとしますと、その関税に関しては当然メキシコのルールに従わなければなりません。そして、できた製品をメキシコからアメリカに輸出する場合、免税措置を受けたいとトヨタ自動車が考えれば、その自動車の生産工程において、62.5％の域内調達比率が要求されるのです。つまり、生産工程で必要とされる部品その他が、カナダ・アメリカ・メキシコの域内から62.5％以上調達されることが要求されるのです。域内調達比率が62.5％以上であれば、無税ですが、それ未満だと、アメリカの関税ルールに従わなければならないのです。アメリカを本拠地

とするゼネラル・モーターズ（GM）がメキシコに工場を建てそこで生産した自動車を本国に送り返したとしますと、やはりトヨタ自動車と同じように、域内調達比率が要求されますが、アメリカ企業であるゼネラル・モーターズが域内調達比率62.5％以上をクリアーするのは、日本のトヨタ自動車と違って、容易であることはいうまでもありません。NAFTAのような地域的自由貿易協定が、域外外国企業を差別する保護主義だといわれるゆえんがここにあります。

## D　世界貿易機関（WTO）の設立

　すでに述べましたが、戦後の国際貿易システムの制度的な基軸となったGATTでは、貿易問題が主要な課題であり、国際投資問題に関しては、その管轄外であり、また無関心でした。また、貿易とは、有形財を取引することであり、金融や保険、観光などのサービス貿易、これについては、より詳しくはのちに述べますが、その言葉すらありません。1948年から1994年まで、200を超える貿易紛争事件がありましたが、投資紛争は、アメリカがカナダの国内供給業者を優遇するカナダ政府の政策を訴えた事件のただ一つであったといわれます。けれどもアメリカ政府は、長年にわたって、国際投資問題をGATTの議題に上げることを要求し続けました。こうしたアメリカ側の要求にもかかわらず、発展途上国は、直接投資問題をGATTの議題にすることには反対しましたし、他の先進諸国も高い関心は示さず、1973年から79年にかけてのGATT東京ラウンドでは、議題とはなりませんでした。いうまでもなく、1970年代は多国籍企業活動への批判的な論調が多く、自由な投資システムの受難期であったということを忘れてはなりません。

　しかしながら、その後、アメリカ多国籍企業・金融機関は、直接投資とサービス貿易の自由化を目指して、アメリカ政府・議会への積極的なロビー

ングを行います。ロビーングとは、お金を使ってロビイストを動かし、政府・議会で、彼らに都合の良い政治を行わせる活動のことをいいます。話はちょっとずれますが、アメリカで大量に銃を生産しているメーカーの業界団体である全国ライフル協会（NRA）が多額のお金を政治家につぎ込み、アメリカの銃規制を阻止する運動を展開していることはよく知られた事実です。アメリカでは、毎年多くの人が銃で殺されているにもかかわらず、一向に銃規制が行われず、トランプ大統領などは、逆に銃で自らを守れとけしかけ、学校や教会その他の公共施設を、銃で武装することを推奨していることにもそれがよく表れています。

　直接投資とサービス貿易の自由化問題は、1986年9月、レーガン政権下において開始されたウルグアイ・ラウンド交渉において、その議題として持ち込まれます。この交渉は、その後7年の歳月をかけ、93年末に実質的な合意に達し、モロッコのマラケッシュにおいて、最終文書の採択がなされます。ウルグアイ・ラウンドが、従来のGATTの交渉と異なっていましたのは、この交渉の結果、1995年1月1日に効力を発揮する世界貿易機関（WTO:World Trade Organization）が設立されたことでした。

　WTOは、いうまでもなく関税や非関税障壁の削減を目的とする国際貿易機関なのですが、多国籍企業・金融機関の投資行動にかかわるルール作りにおいても大きな前進をもたらしたのでした。以下では、WTOにおける「貿易に関する投資措置に関する協定」（TRIMs: Trade Related Investment Measures）、「サービス貿易に関する一般協定」（GATS: General Agreement on Trade in Services）、ならびに、「知的財産権の貿易的側面に関する協定」（TRIPs: Trade Related Intellectual Property Rights）が今日の多国籍企業・金融機関の資本自由化といかにかかわるのかについて論じてみましょう。

< TRIMs 協定とは >

　世界的な資本の自由化においては、投資と貿易の関係で一定のルール作りが求められました。これが、「貿易関連する投資措置に関する協定」となったことはよく知られています。これは、TRIMs 協定となったのですが、もちろん、すべての国で、対内投資の完全自由化が実現されたわけではありません。また、外資系企業に現地企業と同じ条件で活動できるという内国民待遇が与えられたわけでもありません。けれども、財の製造と販売にかかわって、企業の直接投資に適用される次の三点が、現地政府に対する禁止条項として取り決められました。

　その第一にあげられた現地政府への禁止行為ですが、外資系企業に現地生産品の購入・使用を要求することが禁じられました。つまりこれは、すでに説明しました原産地規則というものですが、これを外資系企業に要求することが禁じられたのです。したがって、外資系企業は、その都合によってどこからでも必要な生産物を取り寄せることが可能となりました。外資系企業が、部品などを輸入に頼りますと、受け入れ国、つまりホスト国のことですが、その外貨を使うことの不都合から、原産地規則が定められたのですが、この禁止によって、外資系企業の活動は自由になります。

　第二に、外資系企業が輸出と輸入のバランスをとらなければならないということが禁止されました。このバランスは、外資系企業の貿易活動がホスト国の外貨事情に影響を与えないようにということで求められたわけですが、この禁止によって、外資系企業はそのバランスを考えないで自由に活動できることになります。

　そして第三に、外資系企業の獲得外貨を規制し、為替制限によって輸入を制限することが禁止されました。この規制もホスト国の外貨事情を考慮し、外資系企業の輸入によって、ホスト国の外貨不足を防ぐためのもので

したが、この禁止によって、外資系企業の輸入は自由になり、その活動制限はなくなります。これらの禁止措置は、先進国では、WTO 発足後 2 年以内、途上国では 5 年以内、後発途上国では 7 年以内に導入が義務付けられました。こうして、WTO における TRIMs 協定では、直接投資の完全自由化とまではいかなかったものの、WTO 加盟国を直接投資自由化へと大きく踏み出させたのでした。

## < GATS 協定とは >

　GATS においては、サービス貿易の自由化が取り決められました。戦後の GATS には、サービス貿易についての取り決めはありませんでしたが、サービス貿易とはいったいなになのでしょうか？　サービスとは、政府機関によって供給される公的サービスを除くあらゆるセクターのサービスということですが、いうまでもなく、有形財に対して無形財の国境を超える取引がサービス貿易ということになります。その具体的な分野をあげてみますと、大きく 11 に分かれます。第 1 が、業務サービス、第 2 が通信、第 3 が建設・エンジニアリング、第 4 が流通、第 5 が教育、第 6 が環境、第 7 が金融、第 8 が保険、第 9 が観光・旅行、第 10 が娯楽・文化・スポーツ、第 11 が運輸になりますが、こうしたサービスは、国境を越えてどのように取引されるというのでしょうか。財の貿易は、例えば自動車が、港から船で運ばれていくというイメージで貿易が理解可能ですが、形を成さないサービスを船で運ぶことはできません。

　ということで、有形財と異なる無形財の取引は、次の四つのモードに分けて分類されるのです。第一が、情報・データの伝達のように、サービスが国境を越えて供給消費される場合です。CNN の放送が、アメリカから日本に伝送されることとか、通信が国境を超えることとかを考えると理解しやすいでしょう。第二が、海外旅行にみられるように消費者が国境を越

えてサービス供給を受ける場合です。ハワイにフラダンスを見に、日本から渡っていくとか、アメリカ大リーグで、日本の大谷選手の活躍を見にいくケースを考えればいいでしょう。この場合は、日本のサービス消費者が国境を越えてアメリカに行くわけですから、日本のサービス貿易の輸入、アメリカの輸出ということになります。第三は、金融・保険にみられるように供給拠点が越境立地し、他の国で業を営む場合です。アメリカのシティ・バンクが日本で金融業を営み利益を上げ、それを本国に送金することとか、日本の野村證券がアメリカで営業を行い、利益を上げ、それを日本に送金するというようなケースですが、いうまでもなく、前者は、アメリカの日本へのサービス貿易の輸出、後者では日本のアメリカへのサービス貿易の輸出になります。そして第四は、弁護士あるいはエンジニアが仕事のため一時越境してサービスを供給する場合をいいます。最近では、日本の労働力不足で、多くの外国人が日本のサービス・セクターで働いていますが、こうした人が得た給料は、本国に持ち帰れば、日本へのサービスの輸出、逆に日本はサービスを輸入したことになります。

　これらサービス貿易は、従来の IMF・GATT 体制では、国際収支上は、貿易外収支の項目で処理されていましたから、貿易とは認めてはいなかったということになります。これらサービス分野は、国際貿易として新しい分野を多く含むのです。従来国家管理が厳しかった通信、すなわちテレコミュニケーション産業などはそのいい例で、アメリカは、国際競争力からして、是が非でも規制緩和と貿易の自由化を実現することを望んだのです。

　また、サービス貿易の自由化を実現するには、第三モードに典型的に示されていますように、直接投資の自由化が必要です。金融業や保険業によるサービスの供給は、その供給者が他の加盟国の領土内の事業所によって行われなければなりませんから、直接投資の自由化が必要になります。この事業所は、サービス供給を目的として、加盟国内の領土において、法人の設立、獲得、維持、あるいは支店や代理店の創設・維持を通じて行う、

すべてのビジネスや専門的事業所のことを意味するのです。さらに、サービス貿易の自由を実現するには、第二モード、第四モードに明らかなように、サービスを享受する消費者の自由な国境超えが実現されなければなりませんし、サービスを提供する労働者が自由に国境を超えることが必要です。人の移動の自由が保障されてサービス貿易の自由化は実現されるということになります。

## ＜TRIPs 協定とは＞

さて TRIPs 協定は、どのようなものなのでしょうか。この協定では、貿易に関連して知的財産権の保護が取り決められました。今日の貿易財は、財の貿易であっても無形財である知的財産が深くかかわっています。例えば、ある本の値段や CD の値段は、その物理的な紙や印刷や材料費だけの値段ではありません。それを作成した著者や歌手の知的な努力が値段として含まれていますから、複製して大量に販売すること、これは俗にいう海賊版ですが、著作権・著作隣接権違反となり処罰の対象です。マックのトレードマークを無断で拝借し、ハンバーグを売ることは、商標権違反となります。また、フランス・ワインは、フランス生まれであるからこそ、それなりの値段で売れるのであって、その産地を偽ることは、地理的表示違反ということになります。ルイ・ヴィトンのバッグは、普通のバッグと違って価格が高いのですが、それは、デザインがルイ・ヴィトンならではのものを持っているからです。ですから、勝手に、これはルイ・ヴィトンのバッグだと偽って売れば、意匠権に反します。あるいは、特別な効能を持つ薬の開発に成功した製薬会社が、その製造の特許を持っているとして、他社が勝手にその薬品を模造販売することは、特許権違反ということになります。

1996 年大統領経済諮問委員会年次報告は次のように指摘しています。

「アメリカ輸出の最大の非関税障壁は、ある国において知的財産権の保護が十分なされていないことである。……アメリカのトップ輸出関連商品の多く──映画、音楽ソフト、コンピュータ・ソフトウェア、新医薬品のような特許品を含む──は最も被害にあいやすい。著作権侵害は、アメリカ輸出入を低下させるだけでなく、技術革新による利益を減少させて新製品の開発の妨げとなる。それゆえに強力な知的財産権保護を海外に設けることは、多国間、地域内、二国間メカニズムを通じて進めるべきクリントン政権の通商政策の重要な要素である」(『1996 米国経済白書』エコノミスト臨時増刊、毎日新聞社、1996 年 4 月 22 日号、217ｼﾞ)。

## 第3節　株主資本主義は、いかにして生まれたのか

### A　株主の権限はいかにして強化されたか

　1970 年代以降のアメリカでは、個人株主以外を意味する機関投資家の株式市場での役割が急速に高まってきました。機関投資家とは、商業銀行信託部、保険会社、公的退職年金基金、財団、大学などの機関が株主となる場合をいいます。機関投資家によって保有されている株式の百分率は、1946 年 5.3%、1966 年 15.1%でしたが、1971 年に 31.0%、1986 年には 43.3%まで上昇し、2001 年には 49.1%にまで上昇しました。

　今日のアメリカでは、大銀行の信託部、大手損害保険会社、大手投資顧問会社などが、年金・従業員福祉資産などの運用を委託され、また、自己管理などの年金基金が、巨額の資金を株式・社債などの市場で運用するトップ・マネー・マネージャー主導の体制が生み出されることになったのです。戦後アメリカでは、巨大株式会社が、豊かな独占利潤と内部的に蓄積された資金によって、外部資金の重要性が減退し、次第に銀行業からも有力株

主からもますます独立するようになった時期がありました。巨大株式会社の経営は、経営専門家の手にゆだねられ、会社は経営専門家による中長期的戦略のもとに運営されるようになったのですが、そうした時代は過ぎ去り、再び有力株主が機関投資家として現れ、企業経営に口をはさむ時代が到来したのです。

　かくして巨大企業の最高経営責任者（CEO）は、株主の利益のために行動しなければならなくなったのです。コーポレートガバナンス、すなわち「企業統治」が今日問題されるに至った最も大きな要因は、かつてのアメリカの巨大株式会社における実質的支配者としての経営者の権威が崩れ、企業所有者の権限が新たな形態で展開しているからにほかなりません。企業所有者としての投資家が、外部資金を企業に提供する場合、投資家は、経営者にその資金の使用についての重要な決定権を委託します。企業における所有と経営は、経営者支配論が通用していたときにおいても分離していましたが、経営者が実権を握っているときには、株主の決定権などは事実上無視されていたのです。しかし、株主の権限が強まるにつれ、企業経営を株主の利益のために効率的にどのように行わせるのかが、コーポレートガバナンスの重要な課題になったのです。そのためのコーポレートガバナンスには、次の三つのやり方があるといいます。

　その第一は、市場が経営者に課す規律によって実現されるとするものです。今日では、企業経営者は、企業所有者つまり株主に雇われているという関係にあります。すなわち、企業所有者が同時に経営者である、オーナー・マネージャーでない限り、企業経営者は、雇われ経営者ということになります。したがって、経営者が株主の意向に反して仕事をきちんとこなさない場合、首を切られてしまいます。実績を上げない経営者に明日はありません。株主の利益を考えない最高経営責任者（CEO）がしばしば職を失うという事実はこのことを示しているのです。

　第二にあげられるのが、企業内部のガバナンスが経営者に規律を課すこ

とによって実現されるとするものです。株式には議決権が付与されますから、所有株式が多い有力株主は、議決権を行使して役員会における経営者の選択に力を発揮します。しかし、経営者に企業所有者と同じ利害を感じさせ、その対立を解消するにはどうしたらよいでしょうか。それには、経営者に自社株を保有させることが一番です。なぜなら、そうすることで経営者は、株主と「同じ穴の狢」になるわけですから、株式の配当を必死に上昇させ、自社株の株価上昇を図ることでしょう。実際のところ、1930年代以降、アメリカにおける経営者の株式保有は上昇の一途をたどっています。統計の示すところですと、株式公開された企業の経営者による株式保有の比率は、1935年には平均12.9％にしかすぎませんでしたが、1995年には、21.1％にまで上昇することになったからです。

　企業内部のガバナンスで、もう一つ重要なことは、株主の利益を代弁する取締役会の改革です。企業の取締役会には、二つの機能があります。一つは、企業の最高経営責任者（CEO）やその他の経営メンバーに企業経営上の適切なアドバイスを与えることですが、もう一つは、その逆に、CEOや他の経営メンバーから受け取る企業経営に関する提案の質を検討し、彼らが株主のために働くことです。

　アメリカの第三のコーポレートガバナンスのやり方としてあげられるのが、そのための法律制度と規制制度ができていることによるものです。法律制度は、株主の利益を擁護する重要な手段であり、紛争を解決する信頼性ある公平な手段を提供するものでもあります。また、裁判所を通じた信頼性の高い紛争解決手段もアメリカにおけるコーポレートガバナンスに重要な効果を与えることができるものです。1934年に創設された証券取引委員会（SEC）によって開始された証券規制は、1929年株式大崩落によって引き起こされた様々な問題を解決する規制として開始されました。アメリカの証券規制の特徴は、市場参加者があまねく公衆に開示しなければならないというルールです。投資家は、良い情報を手に入れることができれ

ば、自らリスクを選び取り、投資決定を微調整することによって、多少リスクのある投資機会を提供する企業へも資本を移動させることができるものです。情報のより有効な活用によって経営者は、より良い仕事ができるようになるでしょうし、低いリスクの投資機会を提供する企業は、低コストで資本を利用できるというメリットが生じることになります。

## B　株価上昇のメカニズム

　かつてアメリカの企業が内部留保を充実させ、基本的に内部資金によって企業規模の拡大が行われた時期がありましたが、この時代は、企業金融は基本的には内部資金が使われていました。企業の利潤獲得も内部留保をいかに確保するかにおかれ、企業経営における経営者支配が現実性を持った時代でした。

　しかしながら、今日の株主資本主義といわれる時代では、そうはいきません。株主は、当然自社の株式価格の上昇を望みます。株式取引の利益は、株価の上昇によって生じるからです。それではどのようにして、今日の企業経営者は、自企業の株価を上げることができるのでしょうか。まず株式市場での企業価値は、株式価格として、基本的には将来的配当を利子率で割り引いた割引価値を軸にして形成されることに注意しなければなりません。割引価値などという聞いたこともない奇妙な言葉はいったいなにを意味するのでしょうか。ここでは、具体的な例をあげ、わかりやすく説明してみましょう。

　A社の株式価格は、一般の商品価格と同じように、その株式を求める需要と供給によって決定されます。いま、A社の株式価格が、1株100ドルで販売されているとしましょう。A社の株を買いたい投資家がたくさんおり、需要が供給を上回りますと、株式価格は上昇します。投資家が株を購入する動機は、様々ですが、基本は、投資効率のいい株を購入するとい

うことになります。投資効率とは、利回りともいいますが、投資した金額に対する報酬の比率のことで、配当を株価で割った値になります。今、利子率が10%だとしましょう。ということは、ただ預金するだけで100ドルの預金に10ドルの利子がつくことになります。それに対して、A社が、1株100ドルに対して20ドルの配当を出すとしましょう。この場合、投資家は、預金するよりA社の株を買ったほうが、利回りが高いですから、A社の株の需要が高まり、株価は上がります。けれども、無限に株価は上がるものではありません。理屈でいいますと、1株200ドルまで、A社の株価は上がるでしょう。1株200ドルに上昇しますと、配当は20ドルですから、投資利回りは、10%となり、金融市場の預金の利子率10%と変わらない水準になるからです。配当20ドルを利子率10%（0.1）で割った値200ドルが、難しい言葉でいいますと、割引現在価値というわけなのです。

　企業の設備投資が基本的に内部資金によって賄われていた時代、利回りが利子率レベルの低い水準に抑えられたことがありました。「配当の利子化」といわれましたが、投資の利回りと金融市場の利子率が同じですから株価も基本的には上がりません。こうした企業戦略が採用されましたのは、内部資金が充実し、株式発行による資金調達が必要なかったことが影響したといえるかもしれません。

　しかし、現代企業ではそういうわけにはいきません。大々的な資金調達を資本市場で行うには、株式投資の配当を上昇させ、投資家の積極的投資を誘うことが不可欠になります。先ほどの例でいいますと、A社の株式価格は、1株200ドルでした。ここでA社が従来の1株当たりの配当を40ドルにあげたとしましょう。利子率は10%で変わらないとしますと、配当の増額によって、投資利回りは、20%になりますから、投資家は積極的にこの株を買うでしょう。理屈でいいますとこの株は、1株400ドルまで上がることになるでしょう。なぜなら、400ドルに上昇しますと、投

資利回りは、10％になり、金融市場の利子率とちょうど等しくなるからです。

　こうして株価は上昇し、投資家は株の値上がり益、キャピタル・ゲインを獲得できるというわけです。機関投資家はじめ今日の社会では、金融投資家の力は、巨大なものですから、企業経営者は常にこうした状況、つまり、自企業の株式価格の上昇をつくりださなければならないことになるのです。それを怠れば、経営者は、株主から首を切られてしまいます。

　株式価格の上昇を図るには、企業の1株当たりの収益を上昇させることにより、将来にわたって配当の増大を期待させれば、金融投資家への信頼が高まり、この企業の株式価格を上昇させ続けることができるでしょう。株価を1株当たりの収益で割った値を株価収益率といいますが、この値が小さいと、この企業の利益額に対して株価が割安であることを示しますから、株価上昇の余地が大いにあるということになります。成長著しい企業の場合、将来的な収益の増加を見込みますと、株価は上昇し、株価収益率は、最初は低くても、将来的には高くなることでしょう。最近自社株の買戻しということがいわれるようになりましたが、それは、自社株を買い戻して、発行株式数を減少させて、1株当たりの収益を増大させ、株価収益率を減少させ、市場においてこの株式の株価上昇の機運を創り出そうとする作戦の一環ということがいえるでしょう。


## 第4節　アメリカの金融覇権はどのようにして形成されたのか

### A　アメリカ型金融システムとはなにか

　金融グローバリズムが、戦後の IMF・GATT 体制を崩壊に導き、アメリカ主導の従来とは異なる金融システムが形成されたとして、それは、ど

のような金融システムなのでしょうか。わたしたちは、このアメリカに形成された金融システムについて調べなければなりません。

アメリカにおける金融システムは、どのような特徴を持っているのでしょうか。それを一言でいいますと、アメリカ型金融システムとは、金融資産の流通市場が発達し、資本調達が基本的には、株式市場において行われる金融システムといっていいでしょう。このアメリカ型金融システムは、短期に経済成長を実現させるには大変都合のいいシステムといえそうです。すでに私たちは、株主資本主義について学びましたが、この株主重視のシステムが、従来のケインズ的なシステムに代わって、アメリカで強力に展開されましたのは、1990年代のクリントン政権期に当たりました。クリントン政権最後の大統領経済報告においては、アメリカ型金融システムを誇らしげに次のように述べたものです。

「わが国におけるベンチャー・キャピタルを含むエクイティー・ファイナンスの広範な利用可能性は、事業創出を促進し、新しいテクノロジーの開発を促進する。対比的に日本といくつかのヨーロッパ諸国では、銀行と他の大金融機関が大部分の企業金融を提供し、いくらかの企業株式を保有し、そして通常企業支配の手段を行使する」（『2001 米国経済白書』エコノミスト臨時増刊、毎日新聞社、2001年6月4日、137㌻）。すなわち、アメリカの金融システムは、株式市場中心の直接金融であり、事業創出、新しい技術の開発などに適しているのに対して、日本やヨーロッパの金融システムは、銀行中心の間接金融であり、企業株式の保有とともに企業支配が行いやすいシステムであるというのです。お金の貸し手と借り手が、株式市場を通じて、直接関係を結ぶので直接金融というのに対して、その間に銀行が入り、お金の貸し手と借り手が直接の貸し借り関係とならない金融関係を間接金融という表現をします。もちろん、銀行は、単に預金者である貸し手とお金の借り手を仲介する金貸し業のみではなく、信用創造という独特の機能があるのですが、それについては、第3章においてより詳

しく論じることにしましょう。

　この二つのシステムの違いは、経済に異なったインセンティブ、つまり刺激を作り出すというのです。「銀行貸し付けの収益は、金利によって制限される。他方、株式投資の収益は利潤及びキャピタル・ゲインによって決定される。これは、銀行貸し付けを低リスク活動の金融に適したものにし、他方、株式ベース型システムは、期待収益が高いけれども不確実な活動へより大きな資本投資を生じさせる可能性を持っている」（同上訳書、137ジ）ということになります。

　ところで、アメリカの金融システムは、昔から株式市場が中心で、商業銀行などは、大きな役割を果たしてこなかったのでしょうか。もちろんそうではありません。1788年に制定された合衆国憲法によりますと、各州が連邦政府に移譲している経済政策上の主たる権限は、統一的な通貨の制定と国際貿易および州際通商の規制のみであって、銀行の規制は州の権限であるとする反連邦主義の力が歴史的に強くありました。したがって、預金金融機関については、二元制度がとられ、州に基づく州法銀行と1864年国法銀行法に基づいて国法銀行が、連邦政府の権限のもとに存在するという特異なものでした。またモルガンのような国法銀行でも州法銀行でもない個人銀行が大きな力をもつという特異な銀行システムでした。

　こうしたアメリカの反連邦主義は、中央銀行の設立も遅らせることになります。アメリカの中央銀行制度である連邦準備制度は、1913年に連邦準備法によって設立されますが、全国を12の連銀区に分け、それぞれに連邦準備銀行を置くというものであり、しかも、国法銀行は連邦準備制度に加盟しなければならないとしながらも、州法銀行の加盟は任意としたのでした。また、連邦準備銀行の監督・調整機関として連邦準備局を設置しましたが、その後1935年の銀行法によって連邦準備制度理事会（FRB）に再編され、今日に至っています。さらに、1927年のマクファデン法によって、アメリカの商業銀行は、本店のある州のほかには支店を設置する

ことを禁止され、単一銀行制度として営業が行われるという特異な存在となっています。もっとも、州法によって州際業務が認められるところから、州をまたがって銀行は設立が可能であり、現在では、単一銀行の数は少なくなってはいるのです。

　こうした事情からか、アメリカにおける商業銀行は、家計や中小企業を対象とするローカルな取引を担う金融機関という性格が歴史的に形成されてきたということがいえそうです。単一銀行制度の下では、連邦レベルの全国的な取引を自分の銀行の内で行うことはできません。他銀行と取引関係を結ぶコルレス関係によって、それが可能となりますが、そんな理由からか、日本のようなメインバンク・システムによって商業銀行が金融の中心的な役割を果たすことはアメリカの場合、そもそもなかったといってよさそうです。

　しかし、1920年代には、アメリカの商業銀行は、投資関連会社と結託し、株式投機によって大きな役割を果たしたことが指摘されています。イギリスの経済学者ケインズは、彼の主著『雇用・利子および貨幣の一般理論』において、次のように論じました。「世界における最大の投資市場であるニューヨークにおいては、投機の支配力は巨大なものである。金融界の外部においてすら、アメリカ人は平均的意見がなにを平均的であると信じているかを発見することに不当に関心を寄せる傾向がある。この国民的な弱点は株式市場の上にその因果応報を現わしている。アメリカ人は、多くのイギリス人が今なおやっているように、「所得のために」投資するということは稀であって、資本の価値投機の望みのない限り投資物件をおいそれとは買おうとはしないといわれる。このことは次のことを別の言葉で表現したまでのものである。すなわち、アメリカ人は投資物件を買う場合、その予想収益よりもむしろ評価の慣行的基礎の有利な変化に対して望みをかけており、アメリカ人は上述の意味における投機家である、ということがそれである」（J.M. ケインズ著、塩野谷祐一訳『雇用・利子および貨幣の一

般理論』東洋経済出版社、1995年、157ジ)。つまりアメリカ人は、株式投資を行う場合、その企業の業績などから将来的な予想収益を考えて行うのではなく、目先の利益を考えて、投資物件の投機的取引からのキャピタル・ゲインを目的に株式投資を行うというのです。ケインズのこの批判的言葉は、いうまでもなく、1920年代におけるアメリカの株式ブームと1929年10月以後のその崩壊を目の当たりにして出されたといっていいでしょう。

　アメリカはその後、民主党ローズヴェルト政権が誕生し、財務長官ヘンリー・モーゲンソーの指揮のもとに財務省を軸とするケインズ主義的金融システムの構築に乗り出し成功します。まさしく、ローズヴェルト政権下で実施されたニューディール政策の目的は、金融資本を「経済の主人」から「経済の召使」へと貶めることにあったのです。それは、1933年グラス・スティーガル法となり、また、1935年銀行法となって実行されたのでした。すなわち、前者は、商業銀行と投資関連会社を切り離し、株式投機に商業銀行が貸し付けを通じて直接かかわることを禁止しました。後者は、通貨信用の中央集権的管理を強めるため、連邦準備局を連邦準備制度理事会に再編しました。この再編によって、財務省と連邦準備制度とが経済運営にあたって密接な協調関係を実現されるとうたわれましたが、内実は、財務省のケインズ的財政政策に連邦準備制度が追随することを意味したのでした。こうして、戦後アメリカ経済は、ニューディール体制の延長線上に順調に進行し、金融危機などは無縁の経済の持続的な成長が可能となったのです。

　しかしながら、ケインズがかつて指摘した「アメリカ人気質」は、決して死んではいませんでした。すでに述べましたように、株主資本主義が大きな力をもち、それを支える株式ベースのアメリカ型金融システムが、現代によみがえったからです。この株式市場中心のアメリカ型金融システムは、1980年代以降急速にアメリカ経済において影響を持ち始めることが

指摘されなければなりません。なぜなら、1960年代、70年代を通して金融資産価値を表す株式価格は、景気変動とともに上下を繰り返しましたが、全体の水準は一定であり、決して変わることはなかったのですが、1980年代以降とりわけ1990年代後半以降のその水準は、急速に上昇し、経済実体に対する比重を高めることになったからです。ここでその実態について述べてみましょう。

　1965年のダウ＝ジョーンズ工業株の平均価格は、910.88ドルでしたが、1979年においては、844.40ドルと下落を示しました。その間、消費者物価指数は、1.3倍、実質GDPは、62.2％の上昇でしたから、経済実体に対して金融資産価格の比重は、むしろ低下したといってよいでしょう。けれども、1980年のダウ＝ジョーンズ工業株の平均価格は、891.41ドルでしたが、2000年にその価格は、1万734.90ドル、実に11.04倍を記録したのです。その間、消費者物価指数は、1.09倍、実質GDPは、87.5％の上昇にしかすぎませんでした。ここからわかりますように、現代においては、金融資産価格の動きが経済実体に与える影響は、以前と比べて格段に上昇したことになります。

　したがって、この時期の金融資産価格の急上昇が、企業の投資活動に積極的影響を与えたことは否定できません。企業の投資活動の活発化は、内部資金のみではその資金調達を賄うことができず、外部資金に依存する比率を高めていくことになります。ここでその状況について若干の数字を示しておくことにしましょう。

　1995年から2000年にかけて非農業・非金融の企業部門は、総額4兆4656億ドルの投資活動を行いました。そのうち内部資金を超えて外部資金に依存した金額は、4641億ドル、外部資金の比率は10.4％でした。1995年から2001年初頭にかけて企業負債は、年率9％で上昇しましたが、これは同時期の名目GDP年上昇率6.25％を上回る数値でした。したがって、企業部門のGDPに対する企業負債の比率は、1980年代初頭の40％

水準から 2001 年初頭には、61％に上昇を示しました。その企業の外部資金において最も高い比率を占めたのは、社債発行による資金調達だったことは注目されていいでしょう。なぜなら、アメリカ企業は、この時期、企業買収にかかわり 6630 億ドルもの自社株買戻しを行い、ネットでの株式発行額を、4217 億ドルものマイナスを記録させたからでした。自社株買戻しとは、販売していた自社株を買い戻すわけですから、当然ながら株式発行額は減少するわけです。この企業の収益が仮に変化しないと仮定しても、発行株式が減少しているわけですから、企業収益を発行株式数で割った 1 株当たりの収益は当然上昇することになります。

　どうしてこんなことをあえて企業は行うのでしょうか。それは、企業の 1 株当たりの収益を上昇させ、将来にわたって株式配当の上昇を期待させ、株式投資家の積極的買いを誘い、株式価格を上昇させるという作戦なのです。その理屈は本書ですでに説明済みですのでおわかりかと思います。事実、アメリカのダウ＝ジョーンズ工業株価は、1990 年後半に急上昇を示すことになりました。


## B　国際的金融自由化とアメリカ金融機関


### ＜投資銀行の復権＞


　1973 年変動相場制への移行、74 年アメリカによる金利平衡税と直接投資規制の撤廃は、国際的資本移動の自由を促進させるものではありましたが、70 年代は、既述のように、多国籍企業受難の時代でありました。アメリカ国内では、雇用を守るという立場から組織労働者による企業立地の海外移転に反対する運動が盛んでしたし、国際連合においては、発展途上国による多国籍企業の規制、資本自由化の規制を含む新国際経済秩序の要求となって現れました。したがって、自由な投資システムの形成は、70

年代に急速に展開したのではなく、1980年代から本格化し、1990年代半ばにかけて、多国籍企業活動の自由化の進展を目指して様々な取り組みが行われたのでした。

1970年代のアメリカ多国籍銀行は、国内から国外へと対外貸し付けを増加させていきましたが、この貸し付けが1970年代末から80年代にかけて債務累積危機に見舞われます。これは、1980年レーガン政権の登場によって、インフレが終息したにもかかわらず金利高が解消されず、債務を負った国の破綻が起こったからです。いうまでもなく、インフレの時は、債務者が有利です。なぜなら、物価上昇によって過去の借金の実質残高は減少するからです。けれども、インフレが終息し金利が余り下落しないとなりますと、過去の借金の実質残高は、金利とともにずしりと債務者にのしかかってきます。アメリカの商業銀行は、こうして1970年代の多国籍銀行による対外貸付から1980年代には国内に重点を移動させ始めますが、この時代は、アメリカ型金融システムの形成に伴う直接金融の時代であり、商業銀行にとって代わって、歴史的に古くからある投資銀行が金融の中軸にのし上がってくることになります。

つまり、1980年代は、アメリカ商業銀行にとって決して幸福な時代ではなかったのです。事実1980年代には、アメリカ商業銀行の数は減少しました。銀行のもうけも低迷しました。しかしこの時期重要なことは、アメリカの金融システムが、商業銀行を基軸とする間接金融から株式・証券を基軸とする直接金融へと劇的に変化したことなのです。1980年代において、アメリカ商業銀行は、単に預金業務と金利収入に依存する道から、さまざまな非金利収入を獲得する道へと大きくその構造を変化させたのでした。すなわち、この時期、金融において大きな力を発揮したのは、アメリカ投資銀行だったのです。これら投資銀行は、機関投資家とりわけ年金基金などの巨額な資金量を背景に直接金融の分野で極めて大きな力を発揮したのです。アメリカ金融機関の保有資産において、商業銀行の占める

比率は、1960年の38.2%から1990年の28.2%に低下しました。一方年金基金は、同じ時期にその資産額を9.7%から21.5%に上昇させたのです。また投資会社も同じ時期、2.9%から10.5%に上昇させたのでした（Leonard Seabrooke, *U S Power in International Finance, The Victory of Dividends,* Palgrave, N. Y., 2001, p.141.）。

　ニューディール期以来、政治権力を巨大株式会社と組織労働組合に譲り渡していたアメリカ金融資本は、1980年代において、証券投資を基軸に経済力を伸ばし、レーガン政権の誕生とともに政治権力を奪還しました。ローズヴェルト大統領から戦後の国際通貨金融制度の構築を任された財務長官ヘンリー・モーゲンソーは、世界の金融の中心地をロンドンとニューヨークからアメリカ財務省に移すことに心血を注ぎました。ロンドンとニューヨークは当時の金融資本の牙城であったわけで、その金融利害を掘り崩し、財政政策を駆使し、有効需要政策に依存しながら、産業の生産能力を存分に発揮させる政策の実現には、金融的利害を産業利害に従属させなければならないと考えてのことでした。高利貸しを国際金融の「神殿」からたたき出し、金融資本を「経済の主人」から「経済の召使」へと貶めることが彼の行動の目的であったからでした。あれからほぼ50年、時代は劇的に変わりました。国際金融の「神殿」からたたき出されたはずだった金融資本は、ニクソン政権以来次第に力をつけ、経済力のみならず政治権力をも奪還するまでに成長したのです。

　それでは、アメリカにおいて、政治権力を奪還したアメリカ金融資本は、国際的な金融自由化にどのように乗り出していったのでしょうか。この時期のアメリカ政府のやり方は、「ドルの力」を武器に二国間あるいは一方的外交交渉によって、金融の自由化を求め実現するというものでした。ここでは日本との交渉について述べてみることにしましょう。

<対日金融自由化要求と投機資本>

　日本との交渉は、1983年、アメリカ大統領ロナルド・レーガンが訪日したときに始まりました。その年の11月に「日米・円ドル委員会」が設置され、日本金融市場の自由化が具体的に議論されたのですが、アメリカ・チームは、財務省・大銀行・投資銀行の代表からなる大掛かりなもので、そこにはアメリカ金融資本の強い意気込みが感じられました。1984年2月以降、開催された6回の作業部会を経て、その年の5月29日、「日米・円ドル委員会」の報告書は竹下大蔵大臣ならびにリーガン財務長官に提出され、30日には公表されました。この中で主張されたアメリカによる金融・資本市場の自由化、円の国際化に関する考え方は、まさしく金融グローバリズムに基づく要求そのものでしたが、日本に対する具体的要求は、先物為替取引の実需原則の撤廃と円転換規制の撤廃だったのです。当時日本は、経常収支の膨大な黒字から世界最大の債権国に上り詰める途上にあり、アメリカは、逆に経常収支赤字の連続から世界最大の債務国に転落する途上にありました。アメリカの対日金融自由化要求は、この日米経済関係において、どのような意味があったのでしょうか。

　先物為替取引の実需原則とは、純粋に投機を目的とする先物為替取引を抑制するために戦後日本がとってきた措置でした。ここで先物為替取引というものを説明しておきましょう。例えばある製品を日本からアメリカに輸出し、その代金を3カ月後にドルで支払ってもらう場合、3カ月後の為替相場が輸出商にとっては気になるところです。例えば、現在1ドル＝200円であった直物為替相場が、3カ月後に1ドル＝100円になったとしますと、同じ1ドルが、円に換算しますと200円ではなく100円になってしまうからです。したがって、きちんと輸出代金を円で獲得するためには、3カ月後の為替相場を今決めておけば安心です。たとえば、3カ月後

のドルの為替相場を1ドル＝200円としておけば、仮に3カ月後に1ドル＝100円になったとしても、日本の輸出商は、1ドル100円ではなく200円を獲得できるからです。これを先物為替相場といい、その取引を先物為替取引といいます。

　このように、本来先物取引というのは、実際に取引をする人の将来の取引額を安定的に保証するためのものでしたが、それを実際の取引ナシの投機目的に行う人が出てくることになると事態は一変します。といいますのは、今の場合、為替投機家が、もし実際に3カ月の先物で1ドル＝200円の売り約束をしたとします、これを空売りといいますが、3カ月後に1ドルが200円で売れますから、1ドルで200円を獲得し、それをその時の相場、1ドル＝100円、これを直物相場といいますが、これでドルを買い戻せば、2ドル懐に入ることになります。為替投機家は、労せずして1ドルを儲けることができるのです。逆に、為替相場が直物で上がると予想すれば、先物でドルを買えばいいのです。例えば、1ドル＝100円の先物相場があったとして、直物でドルが上がると予想し、先物でドルを買っておきます。予想が当たり、1ドル＝200円に直物相場が上がれば、1ドル＝100円の先物で買ったドルを直物相場1ドル＝200円で売れば、200円が投機家の懐に入り、労せずして100円を儲けることができるというわけです。

　日本は、世界の為替システムが変動相場制になっても投機的取引を許さない実需原則を崩さなかったのです。この措置は、戦後のケインズ的な国際通貨システムになくてはならないものでした。なぜなら、投機を目的とした先物為替取引を許したならば、実体経済などどうでもいいという利鞘稼ぎの国際的投機資本が大手をふるってのさばるからです。けれども時代は、すでに固定相場制から変動相場制へと移行していましたから、アメリカの投資ファンドをはじめとする金融機関は、そうした相場の変動を利用した荒稼ぎに大いに期待をかけていたのです。日本は、依然として戦後の

体制のままでしたが、こうした圧力に抗しきれず、1984年4月1日、先物為替取引の実需原則を撤廃するのでした。

　円転換規制とは、海外からの投機資本の国内流入を防ぐ目的でとられた戦後の為替管理方式の一つでした。海外投機資本の国内流入とは、会社乗っ取りや破産寸前の会社の株式の空売りによって大儲けし、その儲けを、再び海外に持ち去るいわゆるハゲタカ・ファンドのやり口を連想すれば理解可能でしょう。たとえば、山一證券が破産寸前に陥ったとき、海外の投資ファンドが、株式の大規模な空売りを仕掛けました。先ほどの外国為替の先物取引における空売りと理屈は同じです。まだ一定程度の価格を維持していた山一證券の株式を借りて大量に先物で売っておき、破産寸前でただ同然になったとき、その株式をただ同然で買い戻して返せば、膨大な利鞘が稼げます。こうした投機資本を日本の水際で撃退するシステムが、円転換規制だったのです。しかし、この規制も、アメリカ側の強い要望で、1984年6月に廃止されることになったのです。

　日本の金融自由化・国際化がアメリカの商業銀行と投資銀行の対日進出とビジネス・チャンスの拡大を狙ったものであったことは明らかでした。「日米・円ドル委員会」の最終答申の一つとして、日本の金融・資本市場へのアクセスの改善が盛り込まれました。そこには、外国銀行の信託業務参加への許可、外国証券会社の東京証券取引所会員権の確保、在日外国銀行の国債窓口販売の許可などが要求されたことから見ても、アメリカ金融機関の日本進出を狙った思惑が働いていたことは明らかでしょう。もちろん同時にこの金融自由化・国際化は、貿易収支・経常収支黒字を背景に日本が資本輸出大国すなわち世界最大の債権国へ進む道を指し示した政策であったともいえるかもしれません。アメリカからすれば、日本の巨額な貯蓄を金融市場の自由化によってアメリカ国債に投資させる絶好の機会であったといえるでしょう。

　国際資本取引の自由化によって、アメリカは、金融を通じて強大な経済

覇権を確立する道を歩み始めました。1980年代後半から90年代にかけて世界的に展開された国際収支における資本収支勘定の自由化がこれを示しています。東アジアでは、インドをはじめ多くの発展途上国で資本収支勘定取引の自由化が行われ、1991年12月のソ連邦消滅後、その傾向はグローバルに展開し、多くの国で国際資本取引の自由化が進行しました。わが国日本では、1998年4月に、「外国為替及び外国貿易法」が「外国為替及び外国貿易管理法」に抜本的に改正され、施行されるに至りました。これによって、外国為替公認銀行及び両替商の認可制度を廃止し、外国為替業務の参入を自由としました。また、海外預金・送金を自由にし、海外との外国為替取引における事前許可制を廃止しました。さらに、指定証券制度の廃止によって、海外証券投資の自由化が実現したのです。

　こうした国際資本取引の自由化は、ある特定地域への資本の世界的規模の集中的投資による経済的活況と投機の行き過ぎをもたらし、経済的危機を引き起こす要因となる恐れがあるのですが、アメリカ多国籍企業・金融機関にとっては、資本を国際的に動かし利益を上げるまたとない機会になるのです。

# 第2章

# 金融グローバリズムと格差社会の形成

## 第1節　レーガン・G.H.W. ブッシュ政権の経済政策
### ——賃金抑制と富裕層優遇の減税政策——

　自由な投資システムによる金融グローバリズムが形成されたのは、既述のように 1980 年代レーガン政権期でした。この金融グローバリズムは、アメリカ国内に所得と富の分配の不平等をもたらす現代社会の幕開けとなったのですが、それはどのようにして起こったのでしょうか。

　それはまず、レーガン政権樹立後すぐにとられたインフレ抑制策にありました。当時アメリカ経済は、インフレ下にありました。インフレは、物価の上昇であり、内需の増大に国内企業の供給が追い付かないことから起こりますが、カーター政権末期の商業銀行は、市中の信用需要に対して抑制策をとらず、連邦準備銀行も景気の悪化を恐れ、商業銀行の要求に従って国債の買いオペレーションによってハイパワード・マネー（マネタリーベースともいう）を供給し続けていました。政権樹立後レーガン大統領は、連邦準備制度理事会議長ポール・ボルカーに金融引き締め策を要求し、連邦準備銀行は、それに応じて、ハイパワード・マネーの供給を抑える政策

に転じたのです。市中からの信用需要は、依然高いものでしたから、金融市場の需要供給関係から、金利が高騰し、しかも金融引き締め政策は、物価上昇を抑制する効果がありましたから、インフレ下の借金で経営を行ってきた産業を危機に陥れたのです。この経済恐慌は、大量の失業者を生み出し、大量の産業予備軍の形成は、賃金水準を抑制する効果を発揮しました。

　以上の政策は、マネタリズムに基づく政策展開でした。この見解によりますと、連邦準備銀行が、商業銀行に供給するハイパワード・マネー（マネタリー・ベース）を管理すれば、要求払い預金や銀行融資を効果的に制御し、貨幣供給量（マネーストック、マネーサプライ）を決定できる、貨幣供給量が決定できれば、それに伴って物価水準が決定されるという議論でした。この議論に基づいて展開されたレーガン政権の金融政策は確かにインフレを抑制したのですが、深刻な産業不況を伴うもので、インフレ抑制、実質金利の高騰による金融機関の利益増進を図ったものであり、国内産業とそれに働く労働者を貶めることによる金融優位の経済構造を創出するという明確な政策意図があったといっていいでしょう。

　ところで、レーガン政権には、マネタリズムと同時にサプライサイド経済学があり、それに基づく税制が展開されました。一般には、供給重視の経済学などと呼ばれ、いかにも生産重視の経済政策のように見えるのですが、実際はなにを目指したのでしょうか。

　レーガン政権は、1981 年経済復興税法（Economic Recovery Tax Act of 1981)を制定し、大胆な減税政策を実施しました。この減税法は、しかし、従来の累進課税制度に終止符を打ち、所得の多い人も少ない人も同率で減税する「水平的公平」を目指す所得税制のはじめであり、投資の費用化や法人税の減税を通じての企業収益を確保する税制のはしりとなりました。2017 年 12 月に成立したトランプ政権の「減税および雇用法」はまさにこのレーガン税制の踏襲といっていいでしょう。

レーガン政権は、個人所得税を、初年度5％、つづく2年でそれぞれ10％ずつの税率の引き下げを実施しました。さらに最高限界税率は、70％から50％に引き下げられました。また、企業減税では、加速度償却制度（accelerated cost recovery system）が採用され、償却期間の短縮と10％の投資税額控除が企図されました。

　レーガン税制改革の総仕上げともいわれる1986年税制改革においては、法人税の最高限界税率を46％から34％に引き下げました。加速度償却制度における償却期間を延長しましたが、旧法では認められていた10％の投資税額控除を廃止しました。そして、キャピタル・ゲインについては、分離課税を廃止して通常所得へ算入し、減税された通常税率で課税されることになりました。

　レーガン政権期の財政支出政策はどうだったのでしょうか。レーガン大統領には、ソ連を敵視し、ソ連を軍事的に追い詰める戦略がはじめからありました。1983年3月8日、フロリダ州オーランドでの全米福音派教会年次総会での演説で、レーガン大統領は、ソ連を「悪の帝国」と決めつけたのです。「全体主義の闇の中に住んでいるすべての人々の救済のために祈りましょう。……歴史的事実と悪の帝国の好戦的衝動を無視し、軍備競争は単に大きな誤解の産物であると呼ぶことで、正と邪、善と悪の戦いから身を引くような誘惑にかられないように」と述べ、ソ連を全体主義、悪の帝国と規定し、それを軍事的に打ち倒すことこそ正義を貫くことなのだ、とアメリカ国民の感情に訴える演説をしたのです。こうしてレーガン大統領は、軍事費を突出させた財政支出の急増政策を任期の半ばまできてとり始めたのでした。この財政支出政策は、かつてのケインズ的財政政策とは異なり、製造業の衰退と金融優位の経済システムの形成となりましたが、それはどうしてでしょうか。

　連邦国防支出は、1980会計年度の1340億ドルから1985会計年度の2527億ドルに至るまで、10％を超える上昇が継続しました。減税政策も

相まって、連邦財政赤字は、1980 会計年度に 738 億 3500 万ドルであったものが、1985 会計年度には、2123 億ドル 3400 万ドルに膨れ上がったのです。1981 年に実施された「経済再生計画」のシナリオによりますと、産業の活性化によって強力な課税基盤が形成され、減税によって財政均衡が達成されるはずでした。1920 年代カルヴィン・クーリッジ（Calvin Coolidge）大統領期の減税政策がそのモデルともいわれました。しかしながら、事態はその逆となり、軍事スペンディングにより空前の連邦財政赤字を創り出してしまったというわけなのです。

　この連邦財政赤字の急増によって、アメリカ金融市場に金利の急上昇が引き起こされることが予想されました。民間からの資本需要と国債の発行による資金調達が金融市場で競合し、金利が上昇するのではないかというわけです。しかし世界の貯蓄余剰国、とりわけ日本の貯蓄がアメリカの資本市場に流れそれを緩和する要因となりました。これは、アメリカの軍拡を日本の証券投資が支えるという、かつてギルピンが指摘した「ニチベイ経済」の創生にほかなりませんが、アメリカへの活発な資本流入は、国際通貨ドルへの需要増をもたらし、ドル相場の全面的上昇が引き起こされたのです。

　このドル相場の全面的急上昇は、アメリカ貿易赤字の急上昇を引き起こします。アメリカ商品貿易赤字は、1983 年に 575 億ドル程度でしたが、1984 年には 1079 億ドル、1985 年には 1321 億ドルを記録しました。アメリカ経済は、連邦財政赤字と経常収支赤字とを併せ持つ、いわゆる「双子の赤字」とともに世界最大の債務国の道を歩むことになったのです。

　アメリカ多国籍企業は、こうしたレーガン政権の経済政策を背景に徹底したアウトソーシング戦略を採用し、アメリカ国内での積極的な技術革新的な設備投資をやめ、ひたすら低賃金を求めて自らの生産設備を中南米、アジアの発展途上国へと移動させたのでした。この傾向は、1980 年代前半、いわゆる「ドル高」の時期に急激に展開したのですが、その後、1985 年

プラザ合意を経て「ドル安」に転換後も、企業内国際分業の形成、グローバル・サプライ・チェーンの形成を通じて、今日に至っているのです。

　財政支出政策は、ケインズ主義経済政策の専売特許ではありません。レーガン政権下での急激な財政支出政策は、1980年代のアメリカ経済に従来とは異なって、金融資本に有利な経済状況を創り出したからです。レーガノミクスは、決してケインズ主義ではないのです。

　ケインズ政策は、財政政策を優先させ、それに金融政策を従属させるものです。戦後では、ケネディ、ジョンソン、そしてカーター政権の経済政策がそれにあたるといえるでしょう。1970年代のインフレ高進は、そのケインズ政策の帰結といってもいいでしょう。財政支出による景気拡大が、信用需要を拡張させ、貨幣供給（マネー・サプライ、マネー・ストック）を増大させますが、利子率上昇による景気抑制を恐れる連邦準備銀行は、公開市場操作を通じてのハイパワード・マネーを商業銀行に供給し続け、インフレーションは継続し続けました。

　レーガノミクスは、この政策展開を拒否し、空前の財政赤字を生み出しながらも、金融政策を独自のものと位置づけたのです。インフレ再燃を恐れ、ハイパワードマ・マネーの供給を抑え、かなり緊縮気味の金融政策を採用したのです。したがって、レーガン政権期には、1970年代後半の物価上昇と金利上昇の悪循環的スパイラルは影を潜め、逆に物価上昇率の低位と金利の高止まりを生み出し、金利から物価上昇率を差し引いた実質金利は上昇し、金融機関の利益に沿った有利な条件がつくり出されました。

　以上の金融状況は、製造業企業の積極的設備投資に対して、ネガティブな要因となったことが理解できるでしょう。1970年代のインフレは、実質金利の低下をもたらし、企業の借入金コストを減少させました。したがって、1970年代において、製造業企業は、全産業に占める投資構成比率を若干ではありますが上昇させたのです。けれども、1980年代のインフレ終息の下では、金利の高止まりによって資本コストは上昇し、長期の設

備投資にはネガティブな要因となったのです。レーガノミクスとは、アメリカ製造業に衰退をもたらし、金融機関の肥大化に積極的役割を果たした経済政策であったことが理解できるでしょう。

この1980年代の製造業部門の衰退と金融肥大化が、戦後アメリカの所得不平等形成の歴史的起点となった事実は、ここで指摘しなければなりません。製造業部門の衰退と貿易の赤字が構造化したレーガン政権時代に、空前の消費ブームが訪れたのですが、1981年から82年の経済危機において解雇された重化学工業の労働者の多くは、低賃金のサービス業、卸売り・小売業部門への吸収されていきました。ところでここで注目すべきなのは、製造業労働賃金とサービス労働賃金との格差は当然としても、その格差が以前と比較すると格段に開いている事実なのです。例えば、1950年において、小売り労働の週賃金は、製造業の週賃金の平均68.7%だったのですが、1989年までにその比率は、44.0%に低下したのです。

したがって、1980年代に多くのアメリカ家計の平均賃金は低下しました。第3表に

【第3表】　　　　　平均家族所得（ドル）

| 区分 | 1977年 | 1988年 | 増　減 | |
|---|---|---|---|---|
| | | | ドル | ％ |
| 1 | 4,113 | 3,504 | − 609 | − 14.8 |
| 2 | 8,334 | 7,669 | − 665 | − 8.0 |
| 3 | 13,104 | 12,327 | − 777 | − 5.9 |
| 4 | 18,436 | 17,220 | − 1,216 | − 6.6 |
| 5 | 23,896 | 22,389 | − 1,057 | − 4.4 |
| 6 | 29,824 | 28,205 | − 1,619 | − 5.4 |
| 7 | 36,405 | 34,828 | − 1,577 | − 4.3 |
| 8 | 44,305 | 43,507 | − 798 | − 1.8 |
| 9 | 55,487 | 56,064 | 577 | 1.0 |
| 10 | 102,722 | 119,635 | 16,913 | 16.5 |
| 上位 5％ | 134,543 | 166,016 | 32,473 | 23.4 |
| 上位 1％ | 270,053 | 404,566 | 134,513 | 49.8 |

〔註〕区分は所得の低いほうから家族数を10％ごとに区切って分類した.
〔出典〕W. C. Peterson, "The Silent Depression," *Challenge*, July/August 1991, p. 33より.

よりますと、1977年から1988年にかけて、アメリカ全体の5分の4にあたる家計が、その平均賃金の低下を記録しています。しかもそれとは対照的に、アメリカ全体の上位5%の家計が、23.4%、金額にして年間3万2473ドルの所得増を記録しています。さらに、上位1%の家計が49.8%、金額にして年間13万4513ドルもの所得増を記録しているのです。

所得と富の分配がこのように開いたのは、アメリカの歴史において、1870年代から1880年代の「金ぴか時代（Gilded Age）」と1920年代の過去2回ありました。レーガン政権以来今日までの新自由主義時代が3度目ですが、その歴史的起点がレーガン時代だということになります。

ところで、こうした所得と富の不平等は、アメリカ家計の負債状況にも特徴的な傾向を引き起こしました。1970〜73年から1982〜90年にかけての純借入額の対可処分所得比は、6.1%から8.3%に上昇、また、負債総額の対総資産比は、同じ時期、13.7%から16.2%に上昇しています。

けれども、これらの数値は平均値であり、所得の高低によって、負債の形態に相違があることに注意しなければなりません。アメリカ家計の上位20%、とりわけ1%程度が1980年代に所得を急上昇させていると指摘しましたが、これらのグループは、金融市場あるいは不動産に積極的投資を試み、それゆえに資産の増大とともに負債総額も上昇させているのです。これは、いわば投機のための借入の急増でして、もちろん所得水準の極めて高い一部の階層に限られた行動といっていいでしょう。それに対して、1980年代に急増した貧困所得層あるいは中所得層は、所得が停滞あるいは減少するなかで彼らの生活を維持しようとして、抵当借入あるいは消費者信用に依存する度合いを強めているのです。1972年から1990年にかけて、平均実質賃金は18%も減少したのですが、ある程度の家計所得の減少にとどまっているのは、夫婦共働きの家庭が急増し、かろうじて家計所得の急減を阻止しているからにほかなりません。

こうしたなかで、レーガン政権による徹底したインフレ退治は、家計へ

の金利負担を重くしています。不動産担保貸し付けの実質金利は、1974
〜 79 年のインフレ期の 0.9％から 1982 〜 90 年のレーガン・ブッシュ共
和党政権期の 7.6％に上昇しています。したがって、個人破産も同じ時期、
1 万人当たり 9 件から 19 件に上昇したのでした。

## 第 2 節　クリントン政権と「ニュー・エコノミー」
### ——株式市場の高揚と賃金停滞——

　クリントン政権は、いうまでもなく、2 期目を狙う G.H.W. ブッシュ大
統領を破って 1993 年に政権を樹立した民主党政権でした。経済再生計画
をひっさげて、連邦財政赤字の削減と投資重視の戦略を実行し、戦略的通
商政策によって輸出を積極的に進める考えがありました。けれども、経済
格差という点からこの政権の政策を眺めると、どういうことがいえるので
しょうか。この結論を一言でいえば、レーガン・ブッシュの政策を批判し、
産業再生を狙った戦略は、確かに ICT 革命（情報通信技術革命）を引き起
こし、GDP の継続的な成長が、その後半顕著に認められ、「ニュー・エコ
ノミー」といわれる経済繁栄をもたらしましたが、所得と富が一部の人々
に集中する格差は、レーガン・ブッシュ政権以上に開いたといえるでしょ
う。それはなぜだったのでしょうか。

　アメリカ経済が、クリントン政権期、とりわけその後半に好循環を記録
したことは明らかでした。その第一の要因は、生産性の著しい加速でした。
情報技術 (IT) がこの時期の経済成長加速化の主導的役割を果たしました。
情報技術セクターが GDP に占める割合は、2000 年で 8.3％と推計され、
そう大きい比率を占めているとはいえませんが、1995 年から 1999 年に
おいて、すべての産出増加のほぼ 3 分の 1 は、情報技術セクターに起因
していました。確かに、携帯電話、光ファイバー、インターネットなどは

すべてこの時期に発明されたものです。非農業セクターの時間当たりの産出量として測定されます労働生産性の上昇率は、1973年から1995年までは、年率1.4%でしたが、1995年から2000年にかけては3.0%に増加したのです。その成長要因は、多くが技術革新に基づくものでした。

こうしたIT関連の産業の立ち上げは、アメリカ型金融システムにかかわるベンチャーキャピタルによるものだったことは重要であり、したがってまた、株式市場の大活況においてIT関連企業の株価の急騰が引き起こされたのです。ベンチャーキャピタルは、新しく産業を興すべく私的に募った株式から成り立ちます。ベンチャー資本家は、資産を持つ個人や、銀行、年金基金のような機関投資家と起業家を引き合わせます。1980年代にベンチャーキャピタル投資は増加し、1990年代になると急増しました。ベンチャーキャピタル投資は、1998年全体の143億ドルから2000年の9カ月で545億ドルに跳ね上がりました。

ベンチャーキャピタルは、私的な株式発行ですが、公開資本市場もまた、1990年代後半以降重要な資本源となりました。1993年から2000年11月末の間に、インフレ調整後でさえ、新規株式公開額は3190億ドル、直近の20年間の増加額の2倍以上に増加したのです。

アメリカのラディカル・エコノミストの一人、ロバート・ポーリンは、この時期の株価急騰を「ウォール街の空中浮揚」と称し、企業詐欺とインターネットがバブルにかなり寄与したとしながらも、次の三つの要因が極めて重要だと指摘しています。第一は、政策の影響です。この時期の金融緩和政策には、連邦準備銀行の行動が深く関連していました。「クリントン時代の資産インフレが前例のない高さに達したのは、当該政権もアラン・グリーンスパンもバブルを阻止する適切な規制をしなかったからだ」といいます。第二は、不平等の拡大と企業収益の増加です。富裕層が株式投資で巨万の富を蓄積する一方、大部分の労働者の賃金は、停滞ないしは低下したのです。そして、第三は、株式市場での株式供給の収縮とその需要増

が起こったことです。多くの会社が自己株の買戻しを行い、株式の需要増とともに一株当たりの企業収益を上げ、株価急騰の要因となったというのです。

ところで、こうした株価急騰は、たしかにクリントン政権期のアメリカ経済の大きな特徴でしたが、労働者の賃金が停滞し、一部の富裕層に富の蓄積が急増し、経済繁栄期に経済格差が大きく開いたのはどういう理由からなのでしょうか。

クリントン政権誕生の 1993 年ごろは、「雇用なき景気回復」(jobless recovery) などといわれたものでしたが、IT バブルの熱狂が開始された 1995 年ごろまでには、雇用の増加が引き起こされました。「1992 年には、900 万人以上のアメリカ国民が失業しており、失業率は 7% 以上であった。カリフォルニアのように、労働力の 10 分の 1 近くが職を失っていた地域もアメリカにはあった。しかしながら、1995 年末までに失業率は 5.6% に低下し、アメリカ経済はクリントン政権が設定した目標——800 万人の雇用創出——を達成して落ち着いた」と大統領経済諮問委員会報告は述べています。

本来、景気が回復し、活況の局面に入りますと、失業率の低下とともに賃金上昇が引き起こされ、それに伴って物価も上昇したものでした。失業率が低ければ、職を求める人がたくさんいる失業率が高いときよりも、新しい労働者を引き付けるには、高い賃金が必要であったからです。賃金が高くなれば、購買力が高まり、物価は上昇したわけです。

けれども、クリントン政権期においては、失業率が低下しても賃金の上昇は起こりませんでした。これを、インフレ加速を伴わない失業率(NAIRU: Non-Accelerating Inflation Rate of Unemployment) の低下と表現するのですが、そうした事態はなぜ起こったのでしょうか。それは、レーガン政権期から続く失業コストの上昇に求めることができるでしょう。失業コストとは、失業することによって被る失業者の負担のことです。現在の職の

年間所得から、失業手当などの失業中に受けられると期待される社会福祉ベネフィットと失業後、次の職から得られると期待される年間所得を差し引いて、それを年間総所得で割った値です。失業後の職の所得が低く、失業手当も多く期待できないとなりますと、割り算の分子が小さくならず失業コストは大きくなります。失業コストが大きければ、労働者は失業したくありませんから低賃金でも我慢して働かなければならないということになります。

　この傾向は、レーガン政権期から、経済のサービス・金融化による大量の低賃金職の創出、また社会福祉の切り捨てによって生じていましたが、クリントン政権期になってもその傾向が継続していたということになります。確かに、1995年以降のIT革命による設備投資の活発化は労働需要の増大をもたらし、労働者には有利な条件ができたことは事実ですが、同時に北米自由貿易協定（NAFTA）や世界貿易機関（WTO）の創設は、アメリカ企業の低賃金職を求めての海外進出を可能とし、とりわけ、NAFTAにより、アメリカ企業のメキシコ進出が急速に展開しました。また、クリントン政権は、民主党政権ではありますが社会福祉の削減を行いました。たとえば、1996年に施行された、「自己責任・雇用機会調整法」がそれにあたります。「わが国の生活保護制度の劇的な変化が始まっている。生活保護援助は、今や労働に焦点を合わせた期間制限的なものになっている」と1999年大統領経済諮問委員会報告でいっていますが、その意味は、「成人は、自分の一生涯の間に総計5年以上、支援を受けることはできない」ということなのです。

　けれどもそれでは、1990年代後半のあの膨大な消費ブームはどのように説明されるのでしょうか。労働者の賃金が上昇していない状況のなかで、どのようにして消費ブームは起こったのでしょうか。それは、所得の増大というよりは、金融資産の価格上昇によって創り出された「資産効果」によって生み出されたといってよいでしょう。「資産効果」とは、家計の純

資産、すなわち、株式、債券、不動産やその他資産から総負債を差し引いた額が上昇したために、年収の大きな部分をためらいなく消費することを意味します。したがって、当然ながら所得階層からいいますと富裕な層が多くを支出することとなります。

　ポーリンはいいます。「結論は明確である。クリントン時代に生じた消費支出の全般的増加——これが同時期の経済全体の成長を主導した——のほとんどすべてが、アメリカでもっとも富裕な家計の法外な消費支出によってもたらされ、法外な消費はそうした家計の同じような途方もない資産増加と結びついていたのである」。

　この資産増加においてまず挙げなければならないのは、株式です。1991年から2005年にかけて、アメリカのGDPは、5兆9959億ドルから12兆4558億ドルへと2.08倍の伸びを示しましたが、同じ時期、ダウ＝ジョーンズ工業株平均株価は、2929.33ドルから1万547.67ドルへと3.6倍もの伸びを示したのです。さらに、アメリカの場合、不動産の抵当権を担保にした貸付を証券化したモーゲージの動きが、1960年に2075億ドルから1970年には4423億ドルに2.13倍の伸びを示したのですが、それが、1990年から2005年にかけては、3兆8074億ドルから12兆1487億ドルへと3.19倍の伸びを示したのでした。

　こうした金融資産価格の上昇が、個人消費支出の力強い伸びをもたらしたのです。1983年から1999年にかけて、株式を保有するアメリカの家計は、株式価格が上昇すると消費を拡大する傾向にあり、その一方で、株式を保有しない家計では、消費パターンに変化は見られなかったといわれます。金融資産の肥大化が、従来所得に依存していた個人消費のパターンを変えてしまったといえるでしょう。

## 第3節　G.W. ブッシュ政権の経済政策
──緩慢な景気回復と貧困層の拡大──

　「ニュー・エコノミー」といわれたクリントン政権下での金融資産の価格増大による景気拡大は、2001 年 1 月ブッシュ政権の誕生とともに景気後退を迎えます。共和党ブッシュ政権は、この事態に対して、レーガン政権以来の減税政策による危機脱出を試みました。ブッシュ政権は、2001年から 2003 年にかけて立て続けに三つの主要な減税法案を立法化します。その第一が、2001 年 6 月の「経済成長・税軽減調和法」です。第二が、2002 年 3 月の「雇用創出・労働者支援法」です。第三が、2003 年 5 月の「雇用・成長税軽減調和法」です。そして、2004 年になりますと、さらにこれらの法律の諸規定を拡大するため、「勤労者家族減税法」を成立させました。これら減税法のタイトルを見てもわかりますように、この時期のアメリカ経済は、雇用が伸びず、GDP の回復があるものの本格的な景気回復へはなかなか至らなかったのでした。

　ブッシュ政権の度重なる減税政策は、アメリカの所得層にどのような影響を与えたのでしょうか。税制策センターの調査によりますと、2004 年の減税効果について、次のような所得階層別特徴が浮かび上がってきます。

* 家計所得の順位でちょうど中位の 20％を占める中所得層は、平均で 647 ドルの減税となる。
* 同じく上位 1％を占める最高所得層は、平均するとほぼ 3 万 5000 ドルの、すなわち中所得層の 54 倍の減税となる。
* 100 万ドルを超える所得層は、平均で 12 万 3600 ドルの減税となり、彼らの減税は、税引き後の所得を 6.4％、百分率で見てほぼ中間層の 3 倍の上昇をもたらす。

減税のシェアは、所得階層別にどのように分布しているのでしょうか。税制策センターは、次のように分析しています。

　＊2004年において、家計所得のちょうど20％を占める中所得層は、減税の8.9％を享受した。

　＊それに対し、アメリカ家計の0.2％を占めるいわゆる億万長者は、減税の15.3％を享受した。

　すなわち、一握りの金持ち階級が、中所得者全体が享受する減税額をはるかに超える額を受け取ったのです。2004年において、たった25万7000人の金持ち階級に、300億ドル以上の減税が行われたのでした。

　しかも、ここで指摘された不平等な減税は、時がたつにつれて、より不平等になることに注意しなければなりません。なぜなら、中所得層の減税は2004年でほぼ終了するのですが、配当、キャピタル・ゲイン減税や遺産税の段階的廃止は引き続き行われ、こうした減税は、多くの金持ちに有利に作用するからです。

　さらに注目しなければならないのが、1980年代と1990年代に巨額な所得をあげ、大金持ちになった人々が、ブッシュ政権下の減税によってさらに巨額な利益を享受していることなのです。議会予算局によると次のような事実が明らかとなります。

　＊最高所得を得る人口1％を占めるにすぎない人々の平均所得が、この時期を通じて2倍以上に増大している。1979年にその所得は29万4300ドルだったが、2001年には70万3100ドルに跳ね上がった。この数字は、2001年ドルで表示したインフレ調整済みの数値であり、実に40万8800ドル、139％もの上昇となったのである。

　＊それに比較し、アメリカ人口の中位20％を占める家計の税引き後の平均所得は、この時期を通じて6300ドル、17％の上昇のみだった。最貧困層20％の税引き後所得は1100ドル、たった8％の上昇にし

か過ぎなかった。

　ブッシュ大統領は、減税政策による雇用の創出を訴え続けました。しかし、これは結局失敗に終わったといっていいでしょう。なぜなら、富裕者優遇の減税政策は、アメリカにおける格差構造を一層深刻なものとしたからです。

　2003年において、130万人の貧困人口が付け加わり、アメリカの貧困人口は、3590万人になったとセンサス局は発表しましたが、その後、景気回復にもかかわらず貧困人口が縮減することとはならず、2005年においてアメリカの貧困人口は、3700万人となりました。すなわち、景気回復過程において、110万人も貧困人口が増加したのです。

　2007年の夏、アメリカに震源のあるサブプライム・ローン危機が、ヨーロッパで勃発しますが、ブッシュ政権下の貧困層の拡大がその根底にあった事実をここで確認しておくことは重要です。

第3章

# 世界金融危機は なぜ起こるのか

## 第1節　新自由主義時代の信用創造

### A　1970年代と1980年代の商業銀行の信用創造

　金融危機は、信用の膨張による債権・債務の膨大な形成が、債務返済の不可能な事態によって、企業の倒産・金融機関の集中的倒産となって現われます。この理屈は、19世紀のイギリスを基軸とする世界経済における金融危機とその本質は同じです。そしてその膨大な架空資本の形成は、商業銀行の信用創造機能によって創り出されるのです。

　ここで注意しなければならないのは、商業銀行は単なる金融仲介業ではないということです。つまり、集めた預金をただ貸し付けるという、町の金融業者とは異なるということなのです。銀行業者は、信用を創造するのです。たとえば皆さんが、住宅ローンを銀行に申し込む場合、3000万円の銀行借り入れは、たとえ申し込まれた銀行の金庫にお金がなくても、銀行は、あなたの購入予定の住宅を担保に3000万円をあなたの銀行口座に振り込んで貸し付けます。そしてそれが、あなたの口座から住宅販売会社

の口座に振り替えられるというわけなのです。銀行はあなたを信用し、お金を創り出すことができるのです。これを信用創造というのです。したがって、あまり過剰に信用が創造されることのないように、現在ではBIS規制といって、「リスキーな資産担保に対して銀行は自己資本を8%以上はもっていなければなりませんよ！」という規制をかけたのです。もし規制がなければ、理屈上は、無限に預金が創り出され、同じことですが信用が創造され、銀行のバランスシートがどんどん膨らむことだって可能になるからです。

< 1970 年代における商業銀行の信用創造 >

　1970年代は、新自由主義時代の幕開けといわれる時期ですが、それは、1971年8月15日、金とドルとの交換停止以降、アメリカ商業銀行の信用創造は、多国籍銀行が関与するユーロダラー市場を通じての世界的ドル散布となって展開していきました。ユーロダラー市場の形成の経済的意義については、本書で既に論じましたが、アメリカの商業銀行とユーロダラー市場をめぐる信用創造については、金融危機を論じる以上ここで話しておく必要があります。ユーロダラーとは、アメリカ国外に所在する銀行が負うドル建て預金債務であり、アメリカにあるドル要求払い預金の国内あるいは国外の保有者が、それらをアメリカ国外にある銀行に預金する場合に生じ、そのユーロダラーを通じて形成される国際金融市場をユーロダラー市場と呼びます。そしてこうしたユーロ市場での金融取引を行う銀行をユーロ銀行と呼びますが、この銀行は、アメリカの商業銀行のように信用創造をすることはできません。すでに本書で学びましたが、ユーロダラー市場は、アメリカ国内の金利規制を逃れ、中央銀行にくみしない自由な国際金融市場であるといいましたが、ここで注意しなければならないのは、中央銀行にくみしないとはいっても、ユーロダラー市場に預け替えられた

ドル預金の総額に対して、アメリカの銀行が支配力を失ってはいないということなのです。

　話をより具体的にしてみましょう。例えば、日本政府がアメリカの銀行に預けてあるドル預金をヨーロッパにあるアメリカのユーロ銀行に預け替えたとしましょう。日本政府の預金は、確かにユーロ銀行の預金になるのですが、同時にこの預金は、ユーロ銀行の資産となり、この資産は、アメリカ国内にある銀行のユーロ銀行の預金になるからなのです。つまり、日本政府のアメリカ国内銀行のドル預金が、日本政府のユーロ銀行の預金になると同時に、そのドル預金は、アメリカ国内の同一あるいは異なる銀行における、ユーロ銀行の預金となって、日本政府の預金からユーロ銀行の預金に振り替えられるにすぎないのです。もし、ユーロ銀行が、その資産をアルゼンチン政府に貸し付けたとしましょう。その資産は、ユーロ銀行においてアルゼンチン政府への貸付資産となりますが、同時にアメリカ国内の銀行のユーロ銀行の預金が、同じあるいは異なるアメリカ国内の銀行のアルゼンチン政府の預金に振り替えられることになります。

　ということは、ヨーロッパのユーロ銀行に預け替えられたドルは、確かにアメリカ国外にあるユーロ銀行に所在するのですが、同時にそのドル預金は、ユーロ銀行の預金としてアメリカ国内の銀行にとどまることになりますから、このドルが糸の切れた凧のように世界を徘徊するわけではありません。したがって、ユーロ銀行は、国内の金融規制から逃れて自由に貸し借りすることができますが、通常の商業銀行のように信用創造によって貸付することはできないのです。つまり、ユーロ銀行は、単に預金者と借り手の金融仲介という機能を果たしているにすぎなく、あくまで、ドルの信用創造は、アメリカ商業銀行の本店の機能にあり、その機能によって創り出されたドルは、確かに国境を越えてユーロダラー市場に流れ込むのですが、そのドルは、アメリカ国内の銀行に預け替えられることによって流通します。アメリカ政府による各種の規制から離れた、自由で独自なドル

を基軸とする国際金融市場の形成は、ケインズ的国際金融システムに代わる新自由主義的国際金融システムの構築といえるでしょう。

　1960年代から70年代にかけてのアメリカ商業銀行の世界展開は、アメリカの銀行こそ世界を支配する銀行であるという事実を示すものだったといっていいでしょう。19世紀のパックス・ブリタニカの時代は、イギリスの銀行が世界貿易の金融をつかさどることによって、世界を支配しました。世界の貿易取引で振り出されたポンド手形をマーチャント・バンカーが引き受け、ビル・ブローカーが低利で割引、さらにその手形をイングランド銀行が再度割り引くという仕組みでした。だから、イングランド銀行は「世界の銀行」の役割を果たしたといわれたものでした。しかし、1960年代後半から70年代にその姿が明らかになるアメリカ多国籍銀行は、はじめはユーロダラー市場を通じての国際資本貸付によって、アメリカ多国籍企業の活動を支えながら世界経済を支配することを試みたのです。いわば、世界の商工業金融をドルによって行い、ドルによる金融支配を世界的に広める金融機関こそ、アメリカ多国籍銀行だったといえるでしょう。

　ユーロダラー市場の構造を見ればわかる通り、国境を越えてドルは存在し、世界のユーロ銀行は、ドルでの貸し付けを行うのですが、貸し付けられたドルは、商業銀行内を口座振替で流通するのです。ドルの信用創造は、あくまでアメリカ多国籍銀行の本店が司っているのであり、最終的には、アメリカ連邦準備制度理事会がドルの管理を行うのです。

　1965年段階で世界最大50銀行の預金のうちでその42％はアメリカの銀行によって占められていましたが、1970年代は、世界各国の銀行による追い上げが激しく展開されました。世界10大銀行のランキングを見ると、1970年に圧倒的であったアメリカ銀行の凋落傾向は明らかで、1978年にはバンク・オブ・アメリカがかろうじて1位を保っているにすぎません（次ページの第4表）。第1次石油ショック後のインフレーションの

【第４表】　　　　　　　　世界十大銀行のランキング

| ランク | 1970 年 | | 1975 年 | | 1978 年 | |
|---|---|---|---|---|---|---|
| | 銀行名 | 本国 | 銀行名 | 本国 | 銀行名 | 本国 |
| 1 | BankAmerica Corp. | 米 | BankAmerica Corp. | 米 | BankAmerica Corp. | 米 |
| 2 | Citicorp | 米 | Citicorp | 米 | Crédit Agricole | 仏 |
| 3 | Chase Manhattan | 米 | Crédit Agricole | 仏 | Citicorp | 米 |
| 4 | Barclays | 英 | Chase Manhattan | 米 | Deutsche Bank | 西独 |
| 5 | Dai-Ichi Kangyo | 日 | Banque Nationale de Paris | 仏 | Banque Nationale de Paris | 仏 |
| 6 | National Westminster | 英 | Deutsche Bank | 西独 | Crédit Lyonnais | 仏 |
| 7 | Manufacturers Hanover | 米 | Crédit Lyonnais | 仏 | Société Générale | 仏 |
| 8 | Banque Nationale de Paris | 仏 | Société Genéral | 仏 | Dai-Ichi Kangyo | 日 |
| 9 | J. P. Morgan | 米 | Barclays | 英 | Dresdner Bank | 西独 |
| 10 | Western Bancorp | 米 | Dai-Ichi Kangyo | 日 | Chase Manhattan | 米 |

(備考)　順位はコントラ勘定を除いた資産額により決定.
(出典)　U. N. Centre on Transnational Corporations, *op. cit.*, p. 42.

激化は、アメリカ国内の経済停滞を長引かせ国内信用需要の激減をもたらしたのでした。いくら銀行が信用創造を行って収益を上げようと思っても、経済停滞による信用需要の激減では、貸し付けを増加させようがありません。そもそもインフレ激化は、商業銀行の貸付実質金利を著しく低下させます。たとえば、シティコープの国内商工業貸付は、1972 年には全資産の 31％もあったのですが、77 年にはそれは 10％に低下したのです。

　アメリカ多国籍銀行は、国内貸し付けの上昇に見切りをつけ、1970 年代とりわけ 73 年以降、発展途上国へ大量に貸し込んでいったのでした。この時期、世界の金融市場で貸付資本は豊富でした。石油価格の上昇によって生じた大量の石油代金が、ユーロダラー市場に集中し、大量の遊休貸付資本を多国籍銀行が掌握することとなったのでした。これら貸付資本は、従来から輸出産業を育成し、工業製品の輸入に代わって工業製品を輸出する戦略をとってきた発展途上国に経済開発資金として大量に貸し込ま

れたのでした。開発途上国への民間銀行による貸付額は、1970年には全体の4.4％程度でしたが、1978年には、その金額は全体の29.8％にもなり、輸出金融を含めると43.3％もの数値を占めるに至りました。

　こうした発展途上国への民間銀行による積極的貸し込みは、国内信用需要が停滞気味のアメリカ多国籍銀行を中心に行われました。1977年時点において、バンク・オブ・アメリカ、チェース・マンハッタン、シティコープのアメリカ主要3大多国籍銀行の対外貸付額（残高）をみると、ほぼ50％程度が西ヨーロッパを中心とする工業諸国となっていますが、注目すべきは、非産油発展途上国のへの貸付額が次いで大きいことです。バンク・オブ・アメリカ31.5％、チェース・マンハッタン32.8％、シティコープ37.5％の比率を示しているからです。しかもこれら貸付額は、発展途上国の中・低所得国へは極端に少なく、高所得国へ集中しているのです。

　さらに地域別にアメリカ多国籍銀行の在外貸付状況を検討すると、西ヨーロッパが約半分で最も多く、続いてラテンアメリカを中心とする西半球、アジア、中東、アフリカという順になります。この傾向は、当然です

【第5表】　アメリカ主要多国籍銀行在外資産地域別分布（1977年）

| | 総　計 | | 西　半　球 | | | 西ヨーロッパ | 中東・アフリカ | アジア |
|---|---|---|---|---|---|---|---|---|
| | 10億ドル | ％ | 全諸国 | カナダ | ラテン・アメリカカリブ諸国 | | | |
| Bank America Corp. | 29.9 | 100.0 | 22.4 | 9.3 | 13.2 | 58.2 | 4.1 | 15.3 |
| Chase Manhattan Bank | 24.7 | 100.0 | 33.3 | ＊ | ＊ | 40.1 | 20.4 | 5.6 |
| Citicorp | 49.3 | 100.0 | 32.8 | ＊ | ＊ | 42.2 | 9.4 | 15.6 |
| 米　　銀 | 194.6 | 100.0 | 31.7 | 3.0 | 28.7 | 51.5 | 7.6 | 9.0 |

　（備考）　＊利用不可能.
　（出典）　U. N. Centre on Transnational Corporations, *op. cit.*, p. 84.

が、バンク・オブ・アメリカ、チェース・マンハッタン、シティコープの３大銀行の基本的貸付行動ともいえるのです（**前ページの第５表**）。

　こうして、1970年代のアメリカ多国籍銀行は、ヨーロッパの諸銀行と熾烈な競争を行いながら、貸付先を発展途上国に移していったのでした。かつて、発展途上国は、各種公的機関にその開発資金を依存してきました。IMFと同時に設立された世界銀行などによる融資はその例の一つですが、1970年代は、一転して民間ベースの資本供給に依存せざるをえなくなったのです。もちろん、これら資本供給は、ラテンアメリカ新興工業諸国、アジア太平洋新興工業諸国の興隆を助長しました。けれども、融資の貸出金利のほぼ６割から７割にかけて固定金利ではなく変動金利制をとったという事実は、貸出金融機関側の利益を考えてのことで、開発途上国側の要求を受け入れたものではありません。なぜなら、貸出側が不利と見れば、いつでも金利を上昇させることが可能であるからです。

　ところで、アメリカ商業銀行がアメリカ国内において貸付を上昇させることができなかったのは、既述のようにインフレーションの激化にその要因がありました。それは、1971年８月15日金とドルとの交換が停止されて以降、経済危機脱却のためにとられた積極的財政支出政策を連邦準備銀行が積極的に支えたからでした。積極的財政支出政策は、国内需要を拡大します。それに合わせてアメリカ国内で生産が行われれば、実質GDPは増大し、過剰需要からの物価上昇は、深刻に展開することはないでしょう。けれども、アメリカ企業の海外進出が継続的に行われ産業の空洞化が進行していますと、国内企業がその内需に応じることはできません。当然ながら、物価は上昇しますし、輸入が増大し、貿易は赤字になるというわけです。そうした事態が1970年代石油危機後のアメリカ経済に引き起こされたということなのです。

　インフレが進行しますと商業銀行は、金利を上昇させることが、彼らの収益を維持するためには必要になります。なぜなら、インフレによって、

賃金、営業費用などのコストは上昇しますから、商業銀行は、金利を上げ収益を上げなければ収益率が落ちてしまいます。けれども、アメリカの商業銀行には、1930 年代以来の金融の規制の下、金利は、連邦準備制度理事会規則 Q 項によって上限が定められていたのです。これはレギュレーション Q と呼ばれたものでした。預金金利も貸出金利も抑えられていましたから、商業銀行や貯蓄貸付組合から預金が証券業界に流れるという事態が発生しました。証券業において重要な役割を果たす投資銀行がこれ以降商業銀行の苦境を尻目に大きな勢力としてのし上がっていく歴史的起点となったといえるかもしれません。1970 年代石油危機以降のアメリカ商業銀行の苦境の背景にはこうした事情があったのです。

　ですから、アメリカ商業銀行は、変動相場制と国際資本取引の自由化に乗って 1973 〜 74 年以降、ユーロダラー市場を中心に国際的貸付から多額の利益を上げることを試みたというわけなのです。またこうしたことができたのも、金とドルとの交換停止によって、連邦準備銀行が、国際収支の制約にとらわれず、ハイパワード・マネーを商業銀行に供給し、アメリカ商業銀行は、信用創造を国際的に拡大することができるようになったからなのです。金とドルとの交換が制度として存在していたころは、いわゆる「ドル防衛」という観点から、アメリカ商業銀行の国際貸付には、1965 年以降、金利平衡税がかけられ、自主的対外貸付規制によって国際貸付にも規制がかけられていたのです。


< 1980 年代における商業銀行・貯蓄貸付組合の信用創造 >


　ところでこの状況は、1981 年レーガン政権の誕生によって激変します。なぜなら、レーガン政権は、徹底したインフレ抑制策をとり、金利の高止まりと同時に物価が安定する事態を生み出してしまったからでした。アメリカ経済はこの政策によって一時経済危機に陥り、世界経済は、戦後初

めて貿易額が減少するという事態が発生します。この経済危機によって、1970年代のユーロダラー市場を通じた途上国諸国への多額のドル貸付が不良債権化し、多額の貸し倒れが発生します。シティコープが、1987年5月、30億ドルの損失表明、マニファクチャラーズ・ハノーヴァーが17億ドル、チェース・マンハッタンが16億ドル、バンカメが11億ドル、ケミカルが11億ドルなど、1987年第2四半期には、10大銀行持ち株会社合わせて108億ドルの貸し倒れとなったのです。

　こうして、1970年代のアメリカ多国籍銀行の途上国貸付は、1980年代に多額の貸し倒れとなったのでしたが、1980年代は、レーガン政権のインフレ退治によって、アメリカ商業銀行が国内において息を吹き返すときでもあったのです。レーガン政権は、金融制度改革を徹底し、金利の自由化と金融の業態規制を撤廃したのです。業態規制とは、金融業の業種ごとの規制をいいますが、その撤廃を試みたのです。したがって、こうした金融制度改革は、金融機関同士の競争を一層激しいものとしました。途上国貸付で大変な損害を被ったアメリカ多国籍銀行は、今度は規制が外され、インフレも収まったアメリカ国内において、貸付先を見つけていかざるをえませんでした。

　1983年以降のアメリカ経済では、産業の海外移転が急速に展開し、産業空洞化が深刻に進んでいました。小売・卸売業、サービス産業の興隆とともに、消費者信用が活発となり、その内需にアメリカ国内産業は対応しきれず、外国からの膨大な商品輸入がアメリカに巨額な貿易赤字を生み出します。貿易赤字の連続がその国を債務国にする理屈はすでに説明しましたから省きますが、アメリカは、1980年代中ごろに世界最大の債務国になります。債務国化を伴いながら、世界経済に莫大な有効需要を注入したのでした。かくして、その空前の消費ブームは、アメリカ各地にショッピング・モール、オフィスビル、ホテルなどの建設ブームを作り出し、商業用不動産担保貸し付けのこれまた一大ブームを作り出していったのです。

したがって、1980年代、金融機関にとって、商業用不動産取引は、極めて収益性の高いものとなりました。1970年代末、インフレは頂点を極めましたが、商業用不動産の供給不足は、その価格を急騰させインフレ率を上回るものとなります。1980年代になりますと商業銀行、貯蓄貸付組合、生命保険会社などはこぞってこの不動産取引にかかわる信用を膨張させたのです。とりわけ、貯蓄貸付組合の商業用不動産担保貸し付けへののめりこみにはすさまじいものがありました。貯蓄貸付組合は、一般庶民の住宅建設をサポートする地味な金融機関として大きな役割を果たしてきました。けれども、レーガン政権下の金融の自由化、とりわけ1982年ガーン・セントジャメイン預金金融機関法によって、貯蓄貸付組合の商業用不動産担保貸し付けが認められるようになり、1983年、84年、85年では、二桁台での上昇が記録されたのです。

　まさしく、貯蓄貸付組合の貸し付けによる架空資本の形成は、1988年にかけて貯蓄貸付組合の膨大な資産となって現れます。すでに述べましたように、預金金融機関は、単なる金融仲介業ではありません。積極的に預金を設定して貸付を行うのです。この資産は、貸付によって創り出された架空資本なのです。借主がきちんきちんと返済義務を履行しているうちは、破綻することはありません。しかし、お金儲けを企み、実需を越えた投機的信用取引が横行するようになりブームに転じますと、それがいずれ破綻するのは、マルクスの時代から変わることのない資本主義社会の法則なのです。

　1987年末を境にして、商業用不動産取引は先細りとなっていきます。この信用収縮は、不動産市場の需給関係を逆転させます。今まで信用によって膨大な需要が生み出されていましたが、いったんそれが途絶えますと、需要は収縮し、供給過多となり、不動産市場の暴落が始まるのです。不動産価格の低下が引き起こされ、不動産を担保とする返済できない貸付残高が急増し、預金金融機関の資産は、不良債権化します。1990年末におい

て、こうした不良債権化した商業用不動産貸付は、貯蓄貸付組合で420億ドル、商業銀行で330億ドル、生命保険会社で80億ドル合わせて830億ドルに上りました。預金者の貯蓄は、連邦貯蓄貸付保険公社によって保証されていましたから、昔のように預金取り付けということは起こらずパニックにはなりませんでしたが、貯蓄貸付組合の倒産が激化するとともに公社の基金は減少し、貯蓄の保証を危うくするほどに深刻化します。

　この貯蓄貸付組合危機は、1980年代に進行した金融自由化、規制緩和政策の破綻を示すものでした。ブッシュ政権は、1989年2月に貯蓄貸付組合救済法を提示し、この法案は、同じ年の8月、金融機関改革救済執行法となって実現します。この法は、貯蓄貸付組合の規制機関として、財務省の管轄下に貯蓄金融機関監督局を設立、また、連邦貯蓄貸付保険公社を廃止し新たに連邦預金保険公社の内部に貯蓄金融機関預金保険基金を創設しますが、貯蓄貸付組合の整理・清算のために膨大な公的資金が注ぎ込まれました。

　もちろん、商業銀行の危機も深刻でした。たとえば、1991年1月、バンク・オブ・ニューイングランド銀行の破産は、大きな事件でした。この銀行の破産の原因は、商業用不動産貸付の失敗にありましたが、この銀行の破綻が注目されましたのは、コンチネンタル・イリノイ、ファースト・リパブリックに次ぐ3番目に大きな破産銀行だからでした。また、この倒産は確かに、連邦預金保険公社（FDIC）の資金枯渇問題を引き起こしましたが、この時期の貯蓄貸付組合のように、アメリカ商業銀行は、全面的崩壊とはなりませんでした。

## B　1990年代以降の「架空資本」の現代的形態
### ——アメリカ商業銀行の資産の証券化——

　さて、私たちは、現代の金融グローバリズム時代の金融危機について論

じなければなりません。そのためには、今までの商業信用、銀行信用、株式制度に加えて、更なる「架空資本の形成」を論じなければなりません。それは、経済の証券化といわれる現象ですが、一体なにを意味するのでしょうか。

　1990 年以降の経済の証券化という現象を理解するには、まず 1991年 12 月に成立した連邦預金保険公社改善法（FDICIA: Federal Deposit Insurance Corporation Improvement Act ）の成立を論じる必要があります。この法律は、既述の貯蓄貸付組合危機などによって、資金枯渇を引き起こした預金保険制度の再構築が目的でしたが、とりわけ注目されたのは、銀行への新しい自己資本比率規制でした。すでに、国際決済銀行（BIS）においては、自己資本比率が 8 ％以上でなければ、国際的銀行業を営んではならないというルールがありました。この連邦預金保険公社改善法は、自己資本比率に基づいて、銀行を五つの類型に分類し、自己資本比率が充実した銀行を自己資本比率 10 ％以上の銀行とし、自己資本比率の高い銀行には、特別に証券業などの新規業務を認めるなどの措置が取られたのです。銀行危機の要因の一つにあまりに高いレヴァレッジ（自己資本比率の逆数のこと）があり、これを規制しなければならないと考えてのことでした。

　すでに述べましたように、銀行は単なる金貸しではありません。預金を設定して信用創造をすることによって、経済活動を活発にする役割を持っています。それは、マルクスの時代と少しも変ってはいません。銀行は、そうした信用創造によって、景気高揚期には、膨大な架空資本を形成するのです。商業手形に基づく商業信用、株式発行に基づく株式制度、これらはいずれも銀行の信用創造に基づく活動によって膨大な架空資本を形成することができるのです。この架空資本の形成があまり大きくなりすぎ、銀行の資産規模が膨大になりますと、その債権が確実に収益を生むということが危ぶまれてきます。取引の過剰から、借主が返済不能になってきます

と金融資産は利益を生まなくなり、貸付資本の機能マヒ、つまり資産の不良債権化が起こります。言い換えれば、貸付資本の過剰が引き起こされるのです。したがって、金融規制当局は、そうした事態を防ぐために、転ばぬ先の杖といわんばかりに、自己資本規制に乗り出したというわけなのです。

　けれどもこのことが、これから述べる銀行貸付の証券化を急速に展開させ、最終的には世界金融危機の勃発に至る膨大な現代的「架空資本」の形成となる「悪魔の回廊」に金融機関を導くのです。それでは、銀行貸付の証券化というのは、どのようなものなのでしょうか。ここでは歴史的にかなり昔からあるモーゲージ担保証券市場について説明することにしましょう。

　モーゲージとは、住宅・商業・農業用不動産を担保とする貸付債権を有価証券化したものをいいます。住宅不動産を担保とした場合、当然そのモーゲージは、住宅を購入した人が融資を受ける際に差し出した住宅担保が有価証券化したものをいいますから、モーゲージは、融資を行った金融機関が保有します。けれども、アメリカでは、このモーゲージを買い取る機関である連邦住宅抵当公社（通称：ファニー・メイ）が、1938年に設立され、その買い取りが行われることになりました。もちろん、この買い取りが盛んになったのは、1970年代以降のことですが、このファニー・メイは、買い取ったモーゲージをプールし、これをもととしてモーゲージ担保証券を発行し、売りさばくことにするのです。

　この売りさばきは、ウォールストリートの大手投資銀行が、その担保証券を引き受けて行うことになります。したがって、証券の大口購入者の中には、最大級の年金基金や保険会社が含まれ、アメリカの住宅市場はいまや地方の小規模な金融市場から抜け出し、アメリカの巨大な証券化市場の一角に組み込まれることになったのです。この証券化市場は、いうまでもなく、従来の証券市場と異なり、相対市場で取引が行われ、アメリカはお

ろか、世界各地の遊休貨幣資本がアメリカ証券化市場に投資されたのです。

　こうした事態は、新たな信用創造ではなく、新たな「架空資本」の形成というべきでしょう。銀行の信用創造を基盤にして、商業信用、株式制度によって創り出されてきた架空資本に対して、証券化市場という新たな条件の下で創り出された新しい「架空資本」ということがいえるでしょう。住宅金融を実際に行う金融機関（オリジネイター）は地元で、住宅販売や元利の取り立てその他の金融業務にかかわらなければなりませんが、モーゲージ担保証券を購入した最終投資家は、何らそうした業務に煩わされることはないのです。

　こうしたローンの証券化は、自動車ローン、中小企業庁の貸付、コンピュータやトラックのリースなどなど、極論すると、事実上すべての貸付から生じる債権が売り払われて誕生します。従来商業銀行は、バランスシートから発生する預金金利と貸付金利の利鞘収入によってビジネスを行っていました。しかし、今日では、バランスシートにはない、オフ・バランスからの収入が大きな割合を占めるようになりました。銀行貸付の証券化と非金利型収入が大きく影響するようになったからです。

　非金利型収入は、1999年末においてアメリカ商業銀行の全収入の43％を占め、10年前に比較すると10％もの上昇を示しました。この時期の非金利型収入の増大は、デリバティブ取引と非預金型手数料に集中しましたが、この二つのカテゴリーとも巨大銀行活動の反映でした。非預金型手数料とは、クレジット・カード手数料、モーゲージ・サービスやリファイナンスの手数料、ミューチャル・ファンド販売サービス手数料、証券化された貸付から生じる手数料などでして、この時期には、銀行貸付の中で消費者信用の証券化が急伸し、信託部門に保有された資産から生じる収入が大きいものでした。デリバティブ取引とは、証券、商品、金利、外国為替などをめぐる取引で、これら金融商品を将来の一定時点で取引しようとするのですが、その取引価格を現時点で取り決めておくことによる先物と直物

との価格格差が利益のもとになります。取引の多くは契約締結時にバランスシートに記載されない取引ですのでオフ・バランス取引になります（詳細は、上川孝夫・藤田誠一編『現代国際金融論』第4版、有斐閣、2012年、93ジー以下）。デリバティブ取引からの収入は、1993年以来商業銀行の全収入の3%を超えましたが、証券、商品、金利、外国為替のトレーディングからの収入が激増しました。非金利型収入における非手数料収入は、専門サービスの提供から生じる収入であり、証券以外の資産販売からの利益、ベンチャーキャピタル活動からの利益などがあり、多くのベンチャー企業の新規株式公開（IPOs）による利益は、非手数料収入として分類されます。

## 第2節　新自由主義時代の世界金融危機

### A　アジア金融危機と日本の金融危機

　新自由主義時代の金融危機は、1980年代のアメリカ貯蓄貸付組合危機に先鞭をつけられましたが、危機が世界的に広がり、日本も含めて、多くの人々に深刻な影響を及ぼすほどに展開することになったのは、1990年代の後半のことでした。まずそれは、アジア金融危機の勃発となって出現します。

　＜アジア金融危機＞

　アジア金融危機は、タイに始まりました。1997年において、危機は通貨価値の下落となって、三つの段階を経て引き起こされたのです。
　まず、1997年7月2日タイのバーツが、ドルペッグから離れフロートとなりましたが、それはすぐさま、フィリンピンのペソ、マレーシアのリ

ンギ、そして、インドネシアのルピーへと波及しました。ドルペッグとは、自国の通貨価値つまり為替相場をアメリカ・ドルに連結していることを意味します。一種の固定相場制です。それがフロートになった、つまり変動相場制になったということです。

　1997年10月になりますと第2段階が始まります。1997年10月17日、台湾ドルが売られ、6%ばかり価値減価しましたが、すぐさまそれは、香港ドルへ影響をもたらし、アメリカ、ラテンアメリカ、ロシアの株式市場に鋭い落ち込みをもたらしました。そして最後に韓国ウォンが売られ、1997年12月6日に、ドルペッグからフロートになりました。

　1990年代前半において、東アジア諸国経済のパフォーマンスにはすさまじいものがありました。1990年から1995年にかけて、平均年経済成長率7.2%が緩やかなインフレとともに記録されたのです。成長率7.2%ということは、10年もたたないうちにGDPが倍増するということです。その成長の要因は、対外開放政策にあったといっていいでしょう。この高い成長率は、東アジア諸国に流入する直接投資と密接不可分に関連していたのです。1990年代中頃の直接投資の主要ホスト国、つまり受け入れ国は、タイ、マレーシア、インドネシア、と中国でした。

　国際決済銀行第68年次報告は、1996年の輸出の減退は、いくつかのセクターでの過剰投資を示しているとします。1996年において、アジア・エレクトロニクス産業への大量の投資は、過剰供給に貢献し、世界市場でのエレクトロニクス製品の価格崩壊に帰結しました。しかしながら、海外市場や地域市場でのリスクを抱えながら、自動車、建設、家具や電力発電などでは、投資は急激に上昇しました。ここで明確に理解できることは、この地域での過剰投資であり、新しく投資された資本の収益率は著しく落ちたのです。その結果、海外直接投資と輸出成長の相関関係、つまり、直接投資が増加し、輸出成長が持続するという関係は、1990年代において弱まりました。

発展途上国において、引き起こされた金融危機を見てみると、1990年代新興市場での証券投資フローと密接に関連していることがわかります。1990年から1997年にかけて、発展途上国に流れ込んだ長期の純民間資本フローは、420億ドルから2560億ドルへと急速に上昇したのです。この中で最も大きかったのは、海外直接投資でしたが、債券や証券エクイティ・フローは、1997年で870億ドル、この年全体2560億ドルの実に34％を占めたのです。

　民間資本が、発達した工業諸国から発展途上国に流れ込むのは、昔からあったことではありません。1950年代から1960年代半ばまでは、先進工業国と発展途上国間の全ての資本フローの半分以上を海外援助が占めていました。1970年代に、中長期の銀行貸付が劇的に上昇し、1970年代末には、純投資フローの半分を供給しました。多国籍銀行となったアメリカの商業銀行が、ユーロダラー市場を通して、貸し込んでいったわけです。しかしながら、1981年メキシコの債務不履行危機を契機に、1980年代は、銀行貸付は激減しました。アメリカの商業銀行がこの時期国内回帰したことは、すでに述べました。

　この時期に国際資本フローの流れを決定するのは、いったいなになのでしょうか。まず、金融市場のグローバルな規制緩和を取り上げるべきでしょう。金融の規制緩和は、すでに述べましたように、1970年代末のアメリカで行われ始めました。なぜなら、インフレーションによって、国内銀行業の収益率が激減したからでした。1980年代を通じて、アメリカ国内および国際金融市場の構造は世界的に変化しました。アメリカの諸外国に対する金融自由化要求によって、世界の金融市場がますますグローバルに統合され、商業銀行と投資銀行が結合され、しばしば国境を越えて複合的なコングロマリットを形成したのです。国際コングロマリットとは、異業種が同じ企業の下に統合され、企業本部の指令のもとに国際的に資本を動かして利益を追求する経営組織体のことをいいます。こうしたアメリカ金

融資本の要求をもとに、世界的な証券化の急速な発展が引き起こされてい
きます。銀行は、銀行間活動を急激に上昇させ、証券市場への介入を一段
と進めます。その他の金融仲介業と連携して、銀行は、国際証券ストック
の3分の2もの拡大を記録したのでした。

　東アジア諸国では、国内金融システムの規制緩和と国際資本取引の自
由化が、1980年代から1990年代にかけて実施されていきます。インド
ネシアは、1983年6月、金融セクターの厳しいルールを自由化します。
1988年10月には、銀行活動の制限を取り払いました。タイは、1992年
6月、金利規制を全面的に取り除きます。債券、株式、デリバティブ市場
のような非銀行資本市場での営業を奨励したのでした。

　対外開放政策を見てみましょう。インドネシアは、1988年、資本収支
取引の規制を自由化します。インドネシアへの国際資本の自由な流入・流
出を許可したわけです。短期資本のインドネシアへの流入の様々な可能性
が開かれました。タイは、1990年代の初めには、外国為替取引の規制を
取り払い、バンコク銀行ファシリティーズを創設しました。これらファシ
リティーズは、国際資本取引の開放に合わせて、タイへの大量の資本の取
入れを仲介することを可能としたのでした。

　1990年代の世界の資本フローの急激な上昇、とりわけ証券フローは、
国際資本フローにおけるもっとも際立った特徴でした。IMFの統計によ
りますと、1990年代前半においては、民間資本フロー（ネット）は、ア
ジア、西半球、そしてロシアはじめ移行経済諸国へ集中しました。1994
年〜95年のメキシコ・ペソ危機の後、資本流入フロー（ネット）は、ア
ジアに集中したのであり、1996年において、すべての発展途上国への
2079億ドルのうち、1022億ドルがアジアに集中したのでした。

　1980年代に至るまで東アジア諸国は、高い経済成長率の下に良好な経
済パフォーマンスを見せていました。これらの高い成長率は、高い貯蓄率
と投資、そして、教育など人的資本の形成によって説明できるものであり、

その意味では東アジアの経済成長は、決して「奇跡」ではなかったのです。

　けれども、1990年前半の大量の東アジア諸国への資本流入は、過度な経済的多幸症(ユーフォーリア)を創り出してしまいました。そしてこれが、投資マネージャーたちの群衆的な過度な金融投資を引き出してしまったというわけです。この心理的群衆行動が、経常収支の赤字を抱えている東アジア諸国で、対外関係から危機を引き起こしてしまったというわけなのです。1996年のタイでは、経常収支赤字が、GDP比で8％もの高率になったのです。しかしなぜ、経常収支赤字が金融危機につながったのでしょうか。アジア金融危機の原因をどこに求めるべきなのでしょうか。

　その根底にあるのは、過剰生産であるといえるでしょう。既述のように、東アジア諸国へは、大量の海外からの直接投資が過度に行われました。生産された製品は、大量に世界市場に販売されましたが、1990年代前半になりますと、徐々にその成長率を落としていったのです。

　そして、1995年、アメリカ・ドルが主要通貨に対して、その為替相場を上げたことが事の始まりだったのです。アメリカでは、財務長官にロバート・ルービンが就任し、消費者信用と株式市場を通した一層の直接金融の促進が、株式価格の上昇とアメリカへの資本の流入を引き起こし、経常収支の赤字であるにもかかわらずドル高を引き起こし始めたからでした。東アジア諸国は、アメリカ・ドルにペッグする固定相場制を採用していました。したがいまして、このドル高によって、東アジア諸国通貨は、アメリカ・ドルが主要通貨に対して、相場を上げたと同じように、主要通貨に対して、為替相場を上昇させるということになったのでした。過剰生産で販売が思わしくないところに、為替相場上昇による国際競争力の喪失が発生します。アジア通貨危機の発火点となったタイでは、1996年の輸出成長の崩壊が金融危機を引き起こしたといっていいでしょう。

　ピーター・ウォーは次のように書きました。「バーツへの投機的攻撃を仕掛けるのにたる十分な信頼の喪失を引き起こしたのは、1996年の輸

出成長の崩壊だった。これが資本流出とバーツに対する攻撃を引き起こしたのである。なぜなら、それは、バーツの価値減価を予想させたからだ。いったん予想がなされると、有価証券資本は、出口をめがけて殺到する。もはやこれを止めるすべはない」（P. G. Warr, "Thailand," in R. H. McLeod and R. Garnaut eds., *East Asia in Crisis, From being a miracle to needing one?* Routledge, London and Yew York, 1998, p.55）。

　国際金融パニックは、資本フローの浮動性と本質的に結び付いています。一般的な見解によりますと、海外直接投資は、比較的安定的なのです。なぜなら、そのストックは、多くが固定資本で成り立ち、長期の利潤の予想に基づいて投資が行われるからです。けれども、有価証券投資の場合には、その時の景気状況や国際的な短期の利子率の変化に過度に敏感になります。ですから、有価証券の浮動性は、海外直接投資より高いのです。有価証券の投資家は、彼らの持っているストックや証券を、短期の利益を求めて簡単に売り払うことができるからです。ステファニー・グリフィス＝ジョーンズは、結論付けて次のようにいっています。「安定性のランキングは、次のような順序で確定される。（1）長期の銀行貸付、（2）海外直接投資、（3）債券投資、（4）株式投資、（5）短期信用である」（S. Griffith-Jones, *Global Capital Flows, Should They be Regulated?* Macmillan and St. Martins, London and New York, 1998, p.35）。

　ところで、東アジア諸国では、だれが有価証券の投資をコントロールしていたのでしょうか。これを議論するには、外国機関投資家のパワーを取り上げなければなりません。東アジアのような新興金融市場は、資産を膨大に所有し、彼ら自身で協調的に投資を行い、利益を上げる外国機関投資家によって支配されていたのです。

　有価証券投資は、個人や機関の蓄積された富に基づくわけですが、これらの金融投資は、すべて彼らに雇われた専門的なファンド・マネージャーによって行われます。彼らは、投資信託、年金基金、保険会社、銀行、株

式ブローカーや多国籍企業に雇われた専門家なのです。新興金融市場では、ヨーロッパやアメリカのファンドが、有価証券投資をほぼ全面的に支配しているのです。アジア市場では、三つの機関、ロー・プライス、メリルリンチ、フィデリティがすべての資産の 59.7％を支配していたのです。

　現代の資産市場は、投資マネージャーの心理的群衆行動が、落ち行く資産市場をますます加速度的に下落させる傾向を持ちます。マレーシアでは、外国資本の流入が、1980 年代末以降、有価証券より、海外直接投資によって支配されてきました。しかし、金融危機の直前は、短期の民間資本の大量の流入が顕著だったのです。だから、タイ・バーツがフロートになった直後、マレーシアからの投機的短期資本の流出が、7 月初めのリンギを襲ったのです。


＜日本の金融危機＞


　1990 年代中頃において、日本は、その直接投資を ASEAN 諸国へ増加させており、アジアで最大の投資国となりました。日本企業の ASEAN 進出に伴って、日本の銀行業も、1990 年代中頃において東アジア諸国での営業を活発化させていました。IMF の統計によりますと、1996 年末において、日本の諸銀行は、東アジアにおいて、国際銀行貸付額 2606 億ドルを記録し、EU 諸銀行に次いで第 2 番目の貸し手であり、東アジアへの総国際貸付額の 35.4％のシェアを占めました。

　したがって、アジア金融危機は、日本の多国籍企業と銀行業へ深刻な影響を与えました。アジア金融危機を契機として、そして、国内では、1997 年 4 月 1 日、消費税の 3％から 5％への大幅上昇によって、1997 年第 2 四半期に日本経済は不況に落ち込みます。当時日本の金融機関の不良債権問題は深刻でした。1997 年 11 月三洋証券の会社更生法適用申請に始まり、同じ月北海道拓殖銀行の破綻、山一證券の自主廃業届と続きま

す。翌年1998年10月には、日本長期信用銀行が特別公的管理を申請し、一時国有化、12月には、日本債券信用銀行が破綻し、一時国有化という金融危機が襲ったのです。

　当時政権は、橋本龍太郎総理大臣の下でいわゆる橋本「改革」を実施中でしたが、その中の金融システム「改革」が、アメリカからの圧力のもと、日本の金融危機の真っただ中に実行されたのは、記憶しておくべき事態といえるでしょう。なぜなら、日本の金融危機をチャンス到来とみて、アメリカの金融機関が金融システム「改革」を機に大儲けを狙い、膨大な利益を本国アメリカに持ち帰ることに成功するからです。

　日本長期信用銀行と日本債券信用銀行の破綻とその後の身の振り方を見ていけば、それは誰もが納得できるわかりやすい物語なのです。日本長期信用銀行（長銀）と日本債券信用銀行（日債銀）は、1952年6月に公布された長期信用銀行法に基づき設立されました。普通の銀行と異なって預金を受け付けるということはこれらの銀行はいたしません。債券を発行して資金を調達し、それを重要産業の設備投資資金として貸し付けるという長期信用銀行でした。1980年代に多くの産業で資金繰りが豊かになり、その時期までに長期信用銀行の役割はほぼ終えたといってよいでしょう。しかし、それにもかかわらず、これらの銀行は、ハイリスクの不動産業やノンバンクなどに大量に貸し付け、結局経営破綻をしてしまうことになったのでした。

　日本長期信用銀行は、1998年10月には、政府、金融再生委員会によって特別公的管理に入り、一時国有化されます。そして、金融再生委員会は、その営業譲渡先の選定その他を、アメリカ金融機関であるゴールドマン・サックスに依頼するのです。結局、長銀は、アメリカ投資会社リップルウッド・ホールディングスが中心となって設立されたニュー・LTCB・パートナーズという金融持ち株会社に譲渡されます。LTCBが投資した投資総額は、1210億円、この契約には「瑕疵担保条項」というものがあり、資産

が２割以上減額すれば、預金保険機構が当初の価値で買い上げるという有利な条件が付いていたことはよく知られています。

　2000年６月、LTCBが投資した長銀は、「新生銀行」と名称を変更し、04年に東京証券取引所に上場されますが、株主のLTCBは、株式の約３分の１を売りに出し、売却額約2200億円を手にします。LTCBは、差し引き約1000億円の収益を上げた計算になります。

　日本債券信用銀行の場合は、1998年12月に破綻銀行と認定され、長銀と同様に、一時国有化されたのち、ソフト・バンク・グループ（ソフトバンクを中心としてオリックス、東京海上火災保険）に、買い取られます。ソフト・バンク・グループの投資額は約1010億円で、この場合も、長銀の時と同じように「瑕疵担保条項」が付いていました。日債銀は、「あおぞら銀行」となりますが、2003年４月、ソフトバンクが株式をアメリカ大手投資ファンドのサーベラスに売却し、あおぞら銀行は外資系金融機関の傘下に入ります。この時、ソフトバンクは、グループの一員として約500億円で取得した株式を、約２倍の1000億円でサーベラスに売却していますので、差し引き約500億円をわずか２年半で取得したことになります。

　こうした金融機関の売却を容易にし、しかもそれが、国の内外問わず自由にできるようになり、アメリカ投資銀行が日本の金融市場で大儲けができるようになったのは、レーガン政権の対日金融自由化要求に屈し、先物為替取引の実需原則や円転換規制の撤廃に始まって、橋本「改革」に至る新自由主義的金融制度改革によってであったことを、わたしたちは忘れてはなりません。

## B　サブプライム・ローン危機とその救済策

　既述のように、架空資本の形成は、金融危機において決定的役割を演

じます。2007年夏、ヨーロッパで勃発したサブプライム危機は、住宅ブームに関連した銀行資産の証券化に基づく架空資本の形成を一気に崩壊させ、巨大金融機関の根幹を揺るがす危機を引き起こしました。

　ここではまず2000年〜01年景気後退（リセッション）から経済回復過程をたどり、2008年金融危機に至る過程を振り返ってみることにしましょう。アメリカ経済は、2003年半ばに回復過程に入っていきました。ブッシュ政権の連年の減税政策と連邦準備制度理事会の金融緩和政策は、株式市場の崩壊を伴った2000年から01年の景気後退（リセッション）を回復過程に移行させるのにそれなりの効果があったといっていいでしょう。したがって、連邦準備制度理事会は、アメリカ経済の回復の足取りが確かになるにつれ、金融緩和から金融引き締め政策へ政策を変更していくことになります。住宅価格が、2000年〜01年景気後退（リセッション）に突入しながらも、下落することなく上昇を続けたのはこの景気後退（リセッション）の特徴でした。それが、2001年末から2002年中ごろにかけて企業の粉飾決算・会計事件に端を発する株式市場の大混乱を大恐慌に至らしめなかった要因であったことは明らかでした。しかしながら、この連邦準備制度理事会の金融政策の変更は、住宅価格の上昇を徐々になだらかにして、住宅ローンの需要を軟化させていったのです。

　こうして、住宅市場の頭打ち状況を背景に、住宅金融の主力であったプライム・ローンの組成が鈍化していきますと、主要金融機関は、従来は、見向きもしなかったサブプライム・ローンへと貸付先を変更していきました。サブプライム・ローンとは、二流三流のローンのことをいいます。クレジット・カードの支払いができず、延滞を繰り返したりする信用力の低い人や低所得者層を対象にした住宅ローンをサブプライム・ローンといいます。低利のローンでリファイナンスを行い、何度も買い替えて大きな住宅に移っていく時代は過去のものとなりつつあり、貸付先に困った強欲な金融機関が目を付けたのが、サブプライム・ローンであったということに

なります。返済能力の低い人たちのためと称して、最初の2、3年は低額の返済額を設定し、その後、突如返済額を急上昇させるという詐欺まがいの略奪的方法によって貸付を拡大しました。住宅価格が上昇しているうちは、たとえ返済に困っても担保の住宅を販売して借金を返済すればことは済みます。

　貸し付けられたサブプライム・ローンに基づく債権は、大手金融機関が買い取り、ローンを証券化したモーゲージ担保証券（MBS）を、傘下のサブプライム関連商品に投資する特定目的会社（SIV）に販売します。この証券化商品は、一般の株式取引とは異なり、相対取引ですから格付け会社の評価が必要になります。格付け会社は、金融機関と利害を共有していますから、これら証券化商品をトリプルAなどと実際よりも高く評価し、これら証券化商品は、世界の投資機関へさらに売りさばかれるということになりました。

　銀行の信用創造によって拡大する商業信用や株式制度から形成される架空資本に比較し、アメリカにおける証券化を通じた架空資本の形成は、より一層膨大な規模で拡大したといえるでしょう。なぜなら、住宅購入者へのもともとの貸付業者は、モーゲージ（住宅担保）を売り払い、現金を獲得し、自己資本比率を上げさらなる信用を拡大する。モーゲージを買い取った金融機関は、モーゲージ担保証券（MBS）のような新たな証券化商品を創り出し、世界の投資家に売りまくる。証券化を通じた架空資本の形成は、金融機関の詐欺的手法によって、もとの価値を何十倍にも増幅した資本価値として増殖を続けていくからなのです。

　ところで、このサブプライム・ローンを通じた経済的「繁栄」は、永久に継続できたものだったのでしょうか。その限度はなにだったのでしょうか。まず住宅購入者の所得がその制限になったことは明確でしょう。サブプライム・ローンは、2、3年たつと返済額が急増する仕組みになっていたからです。

そもそもサブプライム・ローンとは、既述のように信用力の低い人向けのローンだったのです。しかも、2001年ブッシュ政権誕生後、富裕者優遇の減税政策が一貫して展開され、景気拡大にもかかわらず格差が拡大し、貧困層の増大が深刻な社会問題として議論されつつありました。こうした低所得層が、サブプライム・ローンで住宅を購入していたとすれば、この住宅ブームは、遅かれ早かれ破綻することは明らかでした。カール・マルクスがかつていみじくも指摘した「すべての現実の恐慌の究極の根拠は、依然としてつねに、資本主義的生産の衝動と対比しての、すなわち、社会の絶対的消費能力だけがその限界をなしているかのように生産諸力を発展させようとするその衝動と対比しての、大衆の貧困と消費制限である」(『資本論』第11分冊、835㌻)をもじっていいますと「サブプライム・ローン危機の究極の根拠は、資本主義的住宅販売の衝動と対比しての、すなわち、社会の絶対的住宅購入能力だけがその限界をなしているかのように住宅販売を発展させようとするその衝動と対比しての、大衆の貧困と消費制限である」ということがいえるでしょう。

　もちろん、住宅価格が上昇していれば、担保の住宅を売り払い、住宅ローンを完済することは可能ですし、返済した後、余った現金を頭金にして、より大きい住宅を購入するため再度ローンを組むリファナンスもできます。しかし、住宅価格が頭打ちになり、いやそれどころか、その価格が下落し始めますと完全に返却することは難しくなります。結局、2006年末には住宅価格の下落が開始され、担保住宅の抵当流れが急増することになりました。サブプライム・ローンによるモーゲージは、2002年時では、全体のモーゲージのたった6%にしかすぎませんでしたが、2006年末には、20%も占めるように上昇しました。

　モーゲージ担保証券を基盤とする金融証券類の価値は、モーゲージ担保証券の価値下落とともに急激に下落します。金融機関は、モーゲージ関連証券を購入するために多額の短期貸付資本に依存していました。投資銀行

は、平均すると毎晩、彼らのバランスシートの4分の1を借り換えるためにオーバーナイト・ローンに依存していたといわれます。短期資本の貸し手は、担保にする資産価格が不確実であるがゆえに、投資銀行が負債を借り換えることを突如拒否したのです。あまりにも多額の借入金に依存していた大手投資銀行は、資金調達のため、資産の売却を余儀なくされます。大手投資銀行は、およそ25倍のレヴァレッジをかけていたといわれます。つまりこれは、100ドルの資産のうち96ドルを借り入れによって調達し、残り僅か4ドルが自己資本だったということになります。多くの投資銀行が資産売却を一斉に行うのですから、資産価格は急落し、貨幣を求めての借り手の殺到は、短期金利の急騰をもたらしました。これら一連の事態は、マルクスの次の言葉を彷彿とさせます。

「ブルジョアは、繁栄に酔いしれ、蒙を啓くとばかりにうぬぼれて、貨幣などは空虚な妄想だと宣言していた。商品だけが貨幣だ、と。ところがいまや世界市場には、貨幣だけが商品だ！ という声が響き渡る。鹿が清水を慕いあえぐように、ブルジョアの魂も貨幣を、この唯一の富を求めて慕いあえぐ。恐慌においては、商品とその価値姿態である貨幣との対立は絶対的矛盾にまで高められる。それゆえまた、この場合には貨幣の現象形態はなんであろうとかまわない。支払いに用いられるのが、金であろうと、銀行券などのような信用貨幣であろうと、貨幣飢饉は貨幣飢饉である」(『資本論』第1分冊、233～234ジ)。

サブプライム・ローン危機において、証券化された商品と貨幣との対立は、まさに絶対的矛盾のレベルにまで高められました。2008年3月には、アメリカ主要投資銀行の一つベアー・スターンズが破綻します。ベアー・スターンズの資産は、モーゲージ担保証券に高度に集中していました。2008年3月10日、ベアー・スターンズの流動性問題に関する噂が広まり「取り付け」を引き起こします。貨幣飢饉の発生です。ベアー・スターンズの担保権を持つ貸し手の多くが短期融資契約、ロール・オーバー

を拒否したのです。3月14日、ニューヨーク連邦準備銀行は、緊急融資を実行しますが、焼け石に水、破綻し、3月16日、ベアー・スターンズは、ニューヨーク連銀の緊急支援でJ・P・モルガン・チェースに買収されることになりました。

　7月13日、政府系住宅金融機関のファニー・メイ（連邦住宅抵当公社）とフレディ・マック（連邦住宅貸付抵当公社）が危機に陥ったとして、ブッシュ政権は公的資金の注入を含む救済策を発表し、議会に関連法案の成立を要請しました。

　すでに述べましたように、ファニー・メイは、1938年に設立された住宅ローン（モーゲージ）の買い取り機関です。買い取ったモーゲージをプールし、見返りにモーゲージ担保証券を発行し、売りさばく機関なのです。フレディ・マックは、1970年に創設され、ファニー・メイとともに住宅ローンの証券化には欠かすことのできない金融機関ですが、住宅価格の下落が止まらず、モーゲージの不良債権の累積で、債務額が債権額を大幅に超過する債務超過、すなわち資本不足に直面したのでした。

　危機は、2008年9月7日に深まります。連邦住宅金融監督局（FHFA）が、ファニー・メイとフレディ・マックの2社を管理下においたと発表し、財務省は、連銀を通じて公的資金を注入します。FHFAは、これら2社が保有するモーゲージ関連資産価値が安全かつ健全な運営を不可能とするレベルまで悪化したと判断したからでした。

　さらに1週間後、2008年9月14日の日曜日、アメリカ投資銀行4番手のリーマン・ブラザーズが経営破綻を申請し、また別の投資銀行メリルリンチのバンク・オブ・アメリカによる買収交渉が明らかとなります。どちらの投資銀行も数十億ドルものモーゲージ関連資産の評価損を被ったからでした。

　2日後の2008年9月16日には、大手保険会社アメリカン・インターナショナル・グループ（AIG）が、連邦準備制度によって、かろうじて救

済されます。AIG は、保険会社ですから、複雑なモーゲージ担保証券（MBS）の損失を保険で補償するクレジット・デフォルト・スワップ（CDS）を販売していました。その買い手は、大半が銀行であり、契約期間を通して、保険契約に従って、MBS での損失を AIG に補償してもらうのです。けれども、その補償額が、サブプライム・ローン危機の深刻化によって、あまりに大きくなり、AIG は支払い不能に陥り、貨幣飢饉に見舞われたというわけなのです。

　2008 年 9 月 15 日、経営破綻を前日に申請していた、リーマン・ブラザーズが倒産します。このとき大手保険会社 AIG は、上述のように救済されたのですが、リーマン・ブラザーズには買い手がつかず破産ということになりました。

　メリルリンチは、交渉相手のバンク・オブ・アメリカが救済合併し、モルガン・スタンレーは、みずから商業銀行化し、投資銀行業界で第 1 位のゴールドマン・サックスもそのあとに続いて商業銀行化するという事態になりました。これら投資銀行は、サブプライム関連の証券化商品はじめ、多くの投機的取引にかかわり、投機の失敗から多額の不良債権を抱えていたのです。モルガン・スタンレー、ゴールドマン・サックスが投資銀行から商業銀行へ鞍替えしたのは、公的資金導入の恩恵に浴そうと考えたからでした。ブッシュ政権はこの時、ゴールドマン・サックス出身の財務長官ポールソンの下で、国民に多額の負担を強いる公的資金の導入によって巨大金融機関を救済する作戦を立てていました。そして、この救済の対象は、国民から預金を預かる預金金融機関でしたから、大手投資銀行は、公的資金狙いの商業銀行化を企てたというわけなのです。

　ブッシュ政権は、公的資金を使って金融機関の不良債権を買い取ることを議会に提案します。「資本市場が機能しないと雇用は失われ、さらに多くの家が差し押さえられる。経済はマイナス成長に転じ、どんな政策を実施しても健全な形で回復できなくなる」と連邦準備制度理事会議長のバー

ナンキはいいます。ゴールドマン・サックス出身の財務長官ポールソンも
また、国民に危機をあおり、「納税者は大きな危機に脅かされている。預
貯金や融資、設備投資などに危機が迫っている」と述べました。つまり、
連邦政府が金融機関の不良債権を買い取って金融の安定化を実現しない
と、実体経済に悪い影響が出てくる。だから、7000億ドルの公的資金を
つぎ込む「金融安定化法案」を議会は早急に成立させるべきであると、半
ば脅しともとれる口調で説得しにかかったのです。

　しかし、議会は簡単には納得はしませんでした。7000億ドルといえば、
アメリカのGDPのほぼ5％にも上る税金をなんの条件も付けずに巨大金
融機関に投入することを、選挙民が許すはずはなかったからです。下院は、
2008年9月29日、「金融安定化法」を23票の僅差で否決しました。

　この日、ニューヨーク株式市場は、ダウ工業平均株価が777ドル安と
いう大暴落を喫します。外国為替市場ではドルが売り込まれ、急激なドル
安が引き起こされました。まさに、ブッシュ政権と議会のせめぎあいは、「金
融安定化法」をめぐって、その修正を余儀なくさせ、こうして、「緊急経
済安定化法」（緊急救済法案）は、10月1日に上院、3日には下院をよう
やく通過しました。この修正された法案は、手放しで金融機関を救済する
のではなく、国民の目線から見てかなりの規制を加えてものとなりました
が、政府が不良債権を買い取るとなると、その対象になる金融機関は経営
危機に瀕していると自ら宣言するようなものです。買い取る金額が多くな
ればなるほど、その金融機関への信頼は落ちることになるでしょう。こう
して、ブッシュ政権は、不良債権を買い取る作戦から公的資金を金融機関
の自己資本を増強するために注入するという方式に切り替えたのです。「緊
急経済安定化法」に基づき7000億ドル規模の「不良債権救済措置」（TARP:
Troubled Assets Recovery Program）が実行されることとなりました。

　アメリカ財務省は、総額2500億ドルの公的資金注入額を決定し、10
月28日、その半額に当たる1250億ドルを9つの大手金融機関に資本注

入したのでした。シティ・グループ 250 億ドル、J. P. モルガン・チェース 250 億ドル、ウェルズ・ファーゴ 250 億ドル、バンク・オブ・アメリカ 150 億ドル、ゴールドマン・サックス 100 億ドル、モルガン・スタンレー 100 億ドル、メリルリンチ 100 億ドル、バンク・オブ・ニューヨーク・メロン 30 億ドル、ステート・ストリート 20 億ドル、合わせて 1250 億ドルでした。

　このような多額の公的資金を巨大金融機関に投入することで確かに、アメリカ金融システムは、全面的崩壊を免れることができました。

　1929 年大恐慌の時には、フーヴァー政権の公的資金導入策は、復興金融公社（RFC）設立を通じて 1932 年 1 月になってようやくその態勢がとられ実施されましたが、金本位制という制約条件の下で、1933 年 3 月には、全面的金融崩壊となったのでしたが、その意味ではかつての歴史的経験が生かされたといえるでしょう。

### C　オバマ政権の経済復興政策

　しかし、なんといってもかつての大恐慌における危機対策と決定的に異なったのは、財政支出政策をいち早く実施に移し、経済実態面での景気回復に力を注いだことでした。危機のさなかに誕生したオバマ政権は、2009 年 2 月 17 日、「アメリカ復興及び再投資法」（略称「復興法」AARA: American Recovery and Reinvestment Act of 2009）を成立させ、実体面からの復興策に着手します。大統領はいいます。「この 2 年間で 350 万人の雇用を創出する。この雇用の 90％以上が民間部門にかかわるものだ。道路や橋梁、風力タービンやソーラーパネルの建設、ブロードバンドの敷設などによって雇用を拡大する」。

　「復興法」は、次の目的に具体化されて実行されることになりました。第一に、雇用を維持・創出し、経済回復を促す。第二に、景気の落ち込み

の影響を受けた人、すべてに支援する。第三に、科学と医療の技術進歩を進め、経済効率を高めるのに必要な投資を行う。第四に、運輸、環境保護などに投資して長期的経済利益をもたらす。第五に、州・地方政府の財政を安定させ、必要なサービスの削減や非効率的な州・地方政府の増税を最小化または回避する、というものでした。

　「復興法」の規模は、成立時の議会予算局（CBO）の試算では、7870億ドルで、景気の落ち込みの規模が大きくなるにつれて金額は膨らみ、2014年時点では、2019年まで総額8320億ドルによる財政支援ということになりました。成立時の費用予測によりますと、減税（2120億ドル）、メディケイド（低所得者医療補助制度）や失業手当などの義務的経費の拡大（2960億ドル）、個人への支援、インフラ、教育、職業訓練、医療ITへの投資などの裁量的支出（2790億ドル）に、ほぼ均等に配分したのでした。また、「復興法」関連の支出のタイミングでは、2013年9月30日までに8046億ドルを支出したのでしたが、2009年と2010年に支出時期は集中し、合わせて5663億ドル、全体の70.4%が支出されたのでした。

　もちろん、オバマ政権の政策は、「復興法」だけで終わったわけではありません。「復興法」以後の財政的経済支援は、「2010年税軽減・失業保険再認可及び雇用創出法」また、「2012年中間層税軽減および雇用創出法」そして「2012年米国納税者救済法」ということになります。「復興法」以後のこれらの経済支援を全部合わせると、2009年から2019年にかけて、7090億ドルの規模になると議会予算局は見積もりました。

　こうした「復興法」やそれに続く財政出動の効果は、第一が雇用の創出とその維持ですが、大統領経済諮問委員会の試算では、「復興法」は、2012年までに約600万の年雇用（a job year）を維持・創出し、2010会計年度と2011会計年度途中までで、GDPを2.0%から2.5%押し上げたと推計しました。年雇用1とは、年間フルタイムの1人の雇用をいいます。また、「復興法」に引き続き実施された財政政策の効果の試算を付け加え

ますと、それがなかった場合に比べて、GDPを3年間で年間2％以上増やし、2012年までに約900万の年雇用を創出・維持したと推計しました。第二が失業保険です。アメリカの失業保険は、連邦政府と州が共同で資金を賄い、州が運営し、26週間の給付が一般的ですが、オバマ政権は、連邦政府の負担を増額し、給付期間を延長するとともに、1週間当たりの給付を25ドル増額しました。第三は弱者保護です。低所得者税額控除の拡大、補足的栄養支援プログラム、俗称フードスタンプの拡張、貧困家庭臨時援助を通じての緊急給付です。大恐慌以来の深刻な経済危機において、貧困率は、これらの反貧困政策の実施によって、2007年から2010年にかけて0.5％だけの上昇で済みました。これらの政策が実施されなかったならば、貧困率はこの9倍、4.5％も上昇したでしょうとする研究結果も発表されています。

## D　サブプライム・ローン危機の国際展開

そもそも、このアメリカで深刻に展開することになったサブプライム・ローン危機は、2007年の夏、まずヨーロッパで勃発しました。サブプライム・ローン関連金融商品に投資していたヨーロッパのヘッジファンドのいくつかが倒産したのです。アメリカにおいても、住宅市場の縮小が一層進み、信用市場が大きく混乱しました。

しかしながら、ブッシュ政権の経済政策担当者たちは、この事態をはじめは深刻に考えませんでした。2008年大統領経済諮問委員会報告で次のようにいっているからです。「アメリカの信用市場と住宅市場の混乱において注目すべきは、それはグローバルに起こっているということである。サブプライム損失は、アメリカにおいてだけではなく欧州やオーストラリア、そしてアジアの銀行や投資家のポートフォリオにもみられたのであり、グローバルな資本市場がいかに相互に結合しているかを実証した。この国

際的多様性は、サブプライムの損失の影響がアメリカの投資家と金融機関にだけ集中するのではなく共有されることで、明らかに利益をもたらしたのである。一部の事例では、欧州の銀行は、少なくとも当初は、信用市場の混乱によって、アメリカの銀行よりも深刻な影響を受けた。それで、欧州中央銀行とアメリカの連邦準備制度理事会（FRB）は、効果的に歩調を合わせて同じような政策で流動性を増強した」（『2008米国経済白書』エコノミスト臨時増刊、2008年5月26日号、毎日新聞社、73ジ）。

　つまり、ブッシュ政権の経済政策担当者たちによれば、証券化を通じた国際資本市場の結合は、アメリカに発生したサブプライム・ローン危機を世界的に分散し、危機を緩和させる役割を持つと判断したのでした。確かに、サブプライム・ローン危機の深さが浅ければ、そうしたリスクを分散することで危機を緩和させることは可能でしょう。しかし、この時の危機は、リスクを世界的に分散させれば済むレベルのものではなかったのです。もっとも、それがわかるのは、2008年9月になってからのことでした。

　2008年9月のアメリカにおける金融危機の深刻化は、世界的に波及し、まさにこの世界金融危機は、1929年大恐慌以来の危機の到来といわれました。しかしながら、この世界金融危機とその後の事態は、1929年10月以降の世界経済の状況と比較すると明らかに異なった様相を呈しました。ここではまず、この国際金融危機がどのように展開したかについて述べてみましょう。

　2008年危機は、まさに世界的にドルの信用によって支えられていた国際金融市場に大きなショックを引き起こしました。その金融ショックは、銀行間貸付金利の急騰という事態になりました。つまり、ドルを基軸に構築されていた信用関係が崩れ、ドルを求めての「貨幣飢饉」が国際的に引き起こされたのでした。まさに、マルクスが『資本論』において論じた「信用主義から重金主義への転化」が国際的に引き起こされたのです。リーマン・ショック以降、金融危機の深化の中で、銀行の資産価値への不信が、

銀行がお互いに融通しあう貸付金利の急騰を引き起こしたということになります。

　さらにアメリカ国外において深刻なドル不足が発生しました。このドル不足は、一定期間、外貨とドルを交換する、為替スワップの費用を急上昇させたのです。といいますのは、アメリカ国外の銀行は、アメリカの短期金融資産ファンド（投資信託）から短期でドルを借り、それでドル建て資産を取得していました。それは、アメリカ国外の銀行が為替取引などでの通貨ミスマッチを回避するためのドル資産でした。けれども、リーマン・ショック後、投資家が資本を投資信託から引き上げ始めたため、アメリカ国外の銀行による投資信託からのドル獲得が難しくなり、彼らは、為替スワップ市場でドルを獲得しようとしたのです。したがって、為替スワップ費用の上昇が引き起こされたというわけなのです。

　ところで、アメリカ国外の銀行が、自国通貨、例えばユーロで借りて、そのユーロを為替スワップ市場でドルに交換し、在米資産を取得したとしましょう。しかし、このアメリカ国外の銀行によるスワップ取引の期限が切れたとき、誰かがドルを融資しませんと、アメリカ国外の銀行は、借りているドルを返済するためにドル建て資産を売らなければなりません。銀行がリスクを抱えることに神経質になり、ドル供給が円滑に進まなくなりますと、通貨スワップの価格が大きく引き上げられることになります。

　金融市場の安定性への疑問が、リーマン・ショックをきっかけに急速に高まります。投資家は、損失の危険のあるリスキーなポジションを借入金で維持することを行わなくなります。マルクスがかつて金融危機の時にいみじくも指摘した、信用主義の重金主義への転化がこの21世紀の国際金融危機においても引き起こされていることは注目すべきでしょう。

　この行動は、この時「ドル飢饉」を引き起こすと同時に「キャリートレード」の巻き返しを引き起こしました。このキャリートレードとは、金融投資家が低金利の国の通貨を借り入れ、それを高金利の別の国の通貨と交換

し、金利差によって利益を獲得する国際的金融投資のことをいいます。例えば、日本で金利が1％であり、オーストラリアが6％だとしましょう。日本とオーストラリアの外国為替相場が一定で動かないとしますと、両国間のキャリートレードによって、金融投資家は5％の利益を享受できます。このキャリートレードは、2000年代半ばに起こり、ヘッジファンドやその他の金融投資家たちの好む戦略となったのです。しかしながら、リーマン・ショックという金融危機が襲った時、金融投資家たちは、信用取引のリスクを減らし、借り入れることを減らそうと、キャリートレードの巻き返しの行動に出たのです。彼らは、高金利の貨幣資本を急激に売却し、その為替相場を急落させ、低金利の資本調達通貨の相場上昇となったのでした。日本円は、低金利の資本調達通貨でしたから相場が上昇し、オーストラリア、ブラジル、アイスランドなどの通貨は、急落しました。円・ドル関係についていいますと、キャリートレードの巻き返しによって、ドル安・円高になったことはいうまでもありません。

アメリカの大幅な経常収支赤字と住宅市場その他資産市場の崩壊によって、在米資産保有が好まれなくなり、ドル暴落を予想する人もいましたが、事態は逆に、信用崩壊からの「ドル飢饉」によって、ドル相場は上昇したのでした。また、安全への逃避として、多くの資産家は、ドルとアメリカ財務省証券を購入したのでした。

## E　世界貿易の崩壊と再生

2008年世界経済危機は、世界貿易の劇的減少を引き起こしました。世界貿易は、大恐慌期の貿易額をはるかに超えるスピードで落ち込みました。2008年7月のピークから2009年2月に底をつくまで、世界の名目輸出額は、36％も下落しました。アメリカの名目商品輸出額は、同じ時期28％の下落、輸入は38％の下落でした。国内で住宅バブルや金融危機を経

験しなかったドイツ、日本では、世界経済危機による外需の激減によって輸出が急減しました。ドイツでは、2008 年第 4 四半期に純輸出の下落が、GDP（国内総生産）下落 9.4％[注]のうち 8.1％[注]を占めました。日本では、同じ時期、純輸出は GDP 下落 10.2％[注]のうち 9.0％[注]を占めました。

　この世界経済危機において、国際貿易額の落ち込みが、大恐慌期における国際貿易の落ち込み額をはるかに超えたのはどのような理由からなのでしょうか。その理由の第一は、グローバル・サプライ・チェーンが国際貿易下落に果たした役割を指摘することができるでしょう。今日の世界経済では、19 世紀のマルクスの時代や大恐慌期と異なって、主力輸出企業が、原料から完成品までを一貫して、一つの国の中で生産するということは稀です。今日の国際貿易においては、多国籍企業が大きな役割を果たしていますが、その生産においては、製品の各部分が異なる国で製造されるか、組み立てられ、中間投入財はある国から別の国へと、しばしば、1 企業のある支店から別の支店へ運ばれ、それらが完成品とするため最終仕上げ地へと送られるのです。たとえば、ある企業が、80 ドルの投入財を輸入して 20 ドルの付加価値をつけて、100 ドルの財を輸出したとしましょう。その財に対する外需が消滅しますと、100 ドルを輸出する国では、GDP は、付加価値分の 20 ドルが減少するだけですが、輸出は 100 ドル減少しますし、輸入は 80 ドル減少することになります。したがって、輸出と輸入の平均として計測される貿易額は、90 ドル減少することになります。この世界経済危機においては、対 GDP 比で貿易額が過去に比べて最も大きかったといわれるのですが、それは、今日の国際貿易において、多国籍企業の形成するグローバル・サプライ・チェーンの果たす役割が大きかったからだといえるでしょう。

　輸出を減少させた第二の要因として、国際貿易における金融コストの上昇が指摘されます。いうまでもなく、世界金融市場での金融逼迫は、貿易金融の金利上昇を引き起こし、輸出しにくい状況を作り出した可能性があ

るというのです。輸出業者が、輸出に際して貿易手形を作成し、為替銀行に買い取ってもらい輸出代金を獲得するわけですが、その金利が高ければ、当然獲得輸出代金が減少することになります。もっとも危機時のアメリカ貿易の減少に、貿易金融が一役買ったという証拠はどこにもないとする見解もあります。

　輸出を急減させた第三の要因として、投資財と耐久消費財の果たした役割を指摘する見解もあります。投資財と耐久消費財が商品貿易に占める割合は他の財に比較して高いのです。投資財はアメリカ輸出の57％、輸入の47％を占めます。そして経済危機におけるその落ち込みは、他の財より大きいといわれます。といいますのは、投資財と耐久消費財は、経済危機になりますと買い控える傾向にあるからなのです。

　こうした要因による国際貿易の落ち込みは、世界的に産出の減少に結び付きました。GDP 年率6％を超える収縮を示した 2008 年から 09 年冬にかけての危機的衝撃は、先進国の工業生産の落ち込みを伴いました。先進国の工業生産は、2009 年 1 月には、前年同月の水準を 10％も下回ったのでした。とりわけ

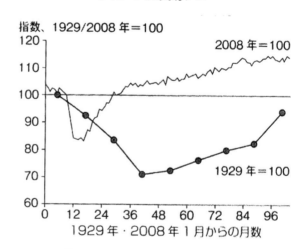

【第２図】　大恐慌と世界経済危機における
グローバル貿易フロー

注：1929 年は、年平均で示してある。
〔出典〕*Economic Report of the President*, 2017,
p.31 の Figure1-8 より

わが国日本は、他の先進諸国に比較してはるかに悪い状況でした。

　新興工業諸国においては、メキシコ、ブラジルなどの工業生産高は、年率20％も収縮しましたが、平均しますと新興工業諸国では、危機からすぐ回復を示しており、中国、インドでは、マイナスにはならず生産ペースを少々落とした程度にしかすぎません。この新興工業諸国の全体的な実績は、1929年大恐慌期とは全く異なる状況であったといっていいでしょう。大恐慌期においては、長期にわたって国際貿易は低迷したのでした。

　しかし今回は、たしかに先進諸国を基軸に国際貿易の激減が引き起こされましたが、新興工業諸国の急激な立ち直りによって、国際貿易は、急速にリーマン・ショック前の水準を回復したのです（**前ページの第2図**）。2008年9月15日のリーマン・ショックに始まる世界経済危機は、1929年に始まる大恐慌以来の深刻な危機ではありました。しかし、大恐慌と比較するとその立ち直りは確かに速かったのです。それは、なぜだったのでしょうか。

## F　国際金融危機と世界の危機対策

### ＜金融政策＞

　その第一の要因は、世界中での金融当局の一致した金融危機への強力な対応があったからだといえるでしょう。リーマン・ショックの直後、世界の主要な中央銀行は、2008年10月8日、断固とした措置として、協調利下げで危機に対応したからです。20カ国財務相・中央銀行総裁会議（G20）の主要諸国すべてで金利の引き下げが行われました。2009年3月までに、連邦準備制度、日本銀行、イングランド銀行など、また欧州中央銀行などが、**次ページの第3図**にみられるように、政策金利の引き下げを行いました。

第二に各国中央銀行は、利下げだけではなく、市中銀行から多額の資産を購入し、マネタリーベースの供給を行いました。マネタリーベースを市中銀行に供給することにより、金融危機における「貨幣飢饉」に市中銀行が瞬時に対応できる態勢を整えたといっていいでしょう。とりわけ、イングランド銀行と連邦準備制度は、急速に多額の資産を購入しましたが、欧州中央銀行はそれほど多くの資産を購入することはありませんでした。また、日本銀行は、日本の商業銀行がヨーロッパ金融機関のように多額のサブプライム関連の金融商品を購入しなかったこともありまして、バランスシートを拡大して救済作戦に出ることはありませんでした。

　第三に、この世界金融危機における対応として注目されますのは、中央銀行によってなされた流動性スワップという措置です。既述のように、この危機で、ドルを基軸とする国際信用連鎖が断ち切られることによってドルを求めての「貨幣飢饉」が引き起こされました。これに対して連邦準備制度は、中央銀行間の中央銀行流動性スワップという措置で対処したの

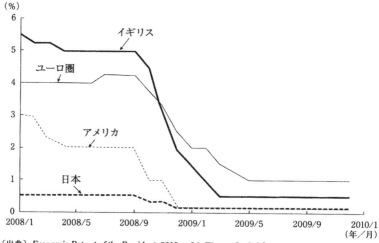

【第３図】　　　中央銀行をもつ主要国・地域の政策金利

〔出典〕*Economic Report of the President*, 2010, p.94, Figure 3-9 より。

です。連邦準備制度は、米ドルと引き換えに外貨を購入し、同時に将来の約定期日に同額のドルと引き換えに外貨を返還することに同意したのでした。第4図に明瞭にみられるように、2008年8月から同年12月まで、為替スワップは、670億ドルから5530億ドルまで増加したのです。この大量の流動性供給は、IMFの利用可能な融資額よりも大きく、アメリカは、2008年10月29日にもこのプログラムを適用し、ブラジル、シンガポール、韓国にそれぞれ最大300億ドルもの融資を提供したのでした。

　これら各国中央銀行の協調的な緊急措置が、世界金融危機をかつてのような大恐慌時の金融システムの全面的崩壊に立ち至らせなかった大きな要因といっていいでしょう。

＜財政出動＞

この世界金融危機が、各国政府の積極的財政支出政策を導きだしたことも、1929年に始まる大恐慌と決定的に異なることでした。とりわけ、大恐慌期におけるアメリカのフーヴァー政権は、大恐慌のさなかに均衡予算確立のための努力を積み重ねて

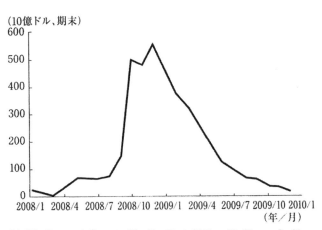

【第4図】　連邦準備制度の中央銀行流動性スワップ

（10億ドル、期末）

〔出典〕*Economic Report of the President*. 2010. p.97. Figure 3-11 より。

おり、それは予算を均衡させることが、「経済回復のまさに要石」と考えていたからでした。大恐慌のさなかにフーヴァー政権は、1932年歳入法を1932年6月に成立させたのでしたが、驚くべきことにそれは、歴史上平時における最大の増税法となったのでした。この増税法は、所得税の免税点の引き下げと課税率の引き上げをはじめ、各種物品税の新設など、9項目からなるものでした。また、財政支出は、1932年から1933年にかけて、恐慌のさなかに削減されたのでした。

　こうしたフーヴァー政権にみられた財政政策とは異なり、世界金融危機後の各国政府は、積極的な財政政策を採用したのです。アメリカのオバマ政権がそうでしたし、ハンガリーやアイルランドのような国を除きますと、ほぼすべての主要国で景気刺激策として財政支出政策がとられました。G20諸国は、相当額の刺激政策を実施し、2009年単純平均で対GDP比2.0％に上りました。G20諸国で中国、韓国、ロシア、サウジアラビアは、2009年に最も大規模な刺激プログラムを実行し、それらは、対GDP比3％以上に相当しました。


　＜対外経済政策＞


　世界経済危機対策において、金融政策と財政政策が、大恐慌時と全く異なっていたのと同様に、対外経済政策も大いに異なっていました。大恐慌期において、アメリカ・フーヴァー政権が、1930年、スムート・ホーレー関税法によって、アメリカ関税史上最高の税率による保護貿易政策をとったことは、大恐慌を長引かせる一つの要因となりました。なぜなら、各国がアメリカに対して高関税による対抗措置をとったからです。イギリスは、1931年9月21日、金本位制を離脱し、1932年7月には、オタワ協定のもと「スターリング・ブロック」を形成し、英帝国を軸とする特恵関税圏を作って対抗します。ドイツは、1934年6月、一切の対外債務のモラ

トリアムを実施、つまり、借りた借金を返さない政策の下で徹底した双務主義による為替清算制に入りました。1930 年代の世界経済は、独自のブロック経済に分かれ、崩壊し、国際貿易の縮小と失業の増大をもたらしたのでした。

　しかし、2008 年 9 月のリーマン・ショックの直後は、1930 年代の近隣窮乏化政策で自らも窮するという事態に陥ることなく、むしろ国際経済政策の協調によって危機を乗り切る方向へと進みました。19 カ国に欧州連合を加えた G20 は、通商政策、金融政策及び危機対策に関する中心的存在となりました。かつて、先進国を基軸に G7 が世界経済の調整役として機能した時代がありましたが、今や、世界経済は、先進国、新興工業諸国を含む G20 を基軸に展開することになったのです。G20 諸国で、世界の GDP の約 90％を占めるからにほかなりません。

　リーマン・ショックに始まる世界経済危機後、最初に開かれた G20 諸国の首脳会議は、2008 年 11 月に開催されました。1930 年代大恐慌の時とは異なり、G20 諸国は市場開放を維持し、グローバル経済を支援する政策をとり、さらに金融セクターの安定を公約しました。2 回目の G20 は、世界金融危機が実体経済に及び GDP と国際貿易の急落が懸念される 2009 年 4 月に行われました。「回復を確実にし、金融システムを修復し、グローバルな資本移動を維持するのに必要なことをすべて行う」として、IMF に相当額の新規資金拠出を行うことを決定しました。アメリカがリーダーシップを発揮し、8000 億ドルの資金拠出をし、そのうち 5000 億ドル以上を IMF に配分するというものでした。

　2009 年 9 月の会合では、危機を迎え、国際協調と国家的諸措置は、世界の国々を回復軌道に乗せるのに不可欠であるとし、「持続的回復が確実になるまでわれわれの強力な政策対応を維持する」と誓約し、時期尚早な撤回を回避しなければならないと公約したのでした。この会議は、ピッツバーグで開催されましたが、G20 を国際的協調のための最高会議とした

ことは、インド、中国などの新興工業諸国の重要性が増していることを確認することになったといえるでしょう。

# 第4章

## 金融グローバリズムを乗り越える
## 戦略はあるのか

## 第1節　金融封じ込め政策を考える

　金融の自由化と規制緩和が、1980年代のアメリカにおいて引き起こされてから現在まで、金融危機が次々と起こる世界経済になってきました。1980年代は、アメリカにおける貯蓄貸付組合危機があり、途上国では債務累積危機、1990年代には、アジア金融危機、ロシア・ルーブル危機があり、日本の金融危機も深刻に展開しました。そして極めつけは、2008年9月に引き起こされたリーマン・ショックに始まる世界経済危機でした。

　とりわけ、リーマン・ショック後のアメリカでは、こうした金融危機の再来を防ぐにはどうしたらいいのかという議論が盛んになりました。アメリカの著名な経済学者のひとり、ポール・クルーグマンは、2010年1月、世界金融危機勃発の原因を次のように指摘します。「アメリカでは、ペコラ委員会が公聴会を持ち、議会が主要な銀行法の制定を行ってから半世紀の間、大きな金融危機を回避することに成功してきたという事実を重視すべきなのです。危機は、私たちがこうした教訓を忘れ、効果的な規制を廃止した後に起こったのであり、私たちの金融制度は、危険なほどに不安定

な状況に戻ってしまったのです」。

　レーガン政権期から本格的に開始された、金融自由化と規制の撤廃は、1999 年金融サービス近代化法、通称グラム・リーチ・ブライリー法によって、その頂点を迎えました。なぜなら、この法は、1933 年に成立し、半世紀にわたってアメリカにおける深刻な金融危機の勃発を阻止してきた、グラス・スティーガル法を完全に廃止したからです。すなわち、金融サービス近代化法は、投資銀行と商業銀行を構造的に切り離し、商業銀行に投機的な自己勘定に基づく取引を禁止したグラス・スティーガル法を廃止し、銀行持ち株会社法も改正したのでした。今やアメリカでは、商業銀行、保険会社、投資銀行が、持ち株会社の下で統合し、証券化の急速な展開によって、莫大な利益を上げることができるようになったのです。

　グラス・スティーガル法が廃止され、金融サービス近代化法が成立してから 9 年後、アメリカは、1929 年大恐慌と同じ規模の深刻な金融危機に遭遇したのです。多くのエコノミストたちは、グラス・スティーガル法のような金融規制がなければ、商業銀行が勝手にリスクのある取引に手を出し、連邦準備銀行の後ろ盾をいいことに「モラル・ハザード」（倫理意識の喪失）が発生することになるのではないかと懸念を表明しました。

　こうした懸念は、議会を動かすこととなり、2009 年 12 月、ジョン・マケイン上院議員とマリア・カントウェル上院議員によるグラス・スティーガル法の再立法化の提案がなされるところまで行きました。けれども、この法律は、議会を通過することにはなりませんでした。グラス・スティーガル法は確かに、クルーグマンが指摘したように、世界金融危機勃発阻止の制度的要因の一つといえます。しかし、現在のアメリカの金融機関は、1930 年代の金融機関とは性格を大きく変えていたことが、法案不成立の根底にあったことは注意しなければならないでしょう。本書ですでに論じましたように、アメリカ商業銀行の投資銀行化がかなり進んでいたのでした。アメリカの商業銀行は、オフ・バランスのデリバティブ取引と非貯金

型手数料によって、かなりの収益を上げていたのです。非預金型手数料とは、クレジット・カード手数料、モーゲージ・サービスやリファイナンス手数料、ミューチャル・ファンド販売サービス手数料、証券化された貸付から生じる手数料などをいい、従来の商業銀行が、バランスシート上での貸借関係から利益を獲得していたのに対して、バランスシート外での取引、いわゆるフィー・ビジネス（fee business）、手数料ビジネスが無視できない比率になっていたのです。

　こうした商業銀行の投資銀行化は、グラム・リーチ・ブライリー法の基盤をなすものであり、アメリカにおいて商業銀行と投資銀行は、分かちがたく融合していたのです。商業銀行のシティコープは、保険会社のトラヴェラーズ・グループ、そして投資ブローカーのスミス・バーニーと合併していました。2008年9月14日には、バンク・オブ・アメリカは、莫大な損失を抱えるメリルリンチを買収し、救済していました。グラス・スティーガル法による金融規制に戻ったとしたら、アメリカ金融業界は、決定的な損失を覚悟しなければならなかったことは明らかでした。

　ところで、オバマ政権下では、金融制度改革法が2009年6月に提案され、金融システムにおける説明責任と透明性を改善し、アメリカにおける金融安定を推進するためのものとして審議が進んでいました。この法律はまた、金融機関が「大きすぎてつぶせない」という事態になることや公的資金によって救済する事態を終わらせることによって、アメリカ納税者を保護することが目的とされ、濫用的な金融サービスから消費者を保護するための金融制度改革でもありました。この審議が進む中、オバマ大統領は、金融制度改革法の提案時には含まれていなかったボルカー・ルールを、2010年1月に提案します。このルールは、一言でいいますと、グラス・スティーガル法が商業銀行と投資銀行を構造的に分離したのに対して、それを機能的に分離したということができるでしょう。

　ボルカー・ルールを含むオバマ政権の提案する金融制度改革法は、「ドッ

ド・フランク・ウォールストリート改革及び消費者保護法」（ドッド・フランク法と略称）として2010年7月21日に施行されることとなりました。ボルカー・ルールは、最終的に2015年7月21日に全面適用となりました。ボルカー・ルールによって、バンキング・エンティティ（銀行）は、自己勘定取引を行うことが原則として禁止されました。自己勘定取引とは、「トレーディング勘定に関してプリンシパル（中心的存在）として、一つあるいは複数の対象金融商品の売買に従事すること」を意味します。しかし、最終規則では、一定の条件を満たせば、バンキング・エンティティに自己勘定取引を許しているのです。したがって、バンキング・エンティティは、様々な方法で、許されざる自己勘定取引を許される業務に偽装して業を営むことが可能になります。いずれにしても、現在のままのボルカー・ルールでは、ふたたび金融危機が起こらないという保証はどこにもありませんし、現在のトランプ政権、そして共和党は、ドッド・フランク法の廃止を政策綱領に掲げていることは要注意なのです。

　それでは今後どのように金融規制を進めるべきなのでしょうか。問題は、ボルカー・ルールがグラス・スティーガル法と異なって商業銀行と投資銀行を構造的に分離していないところから発生しているのです。既述のように商業銀行と投資銀行が業務において分かちがたく結びついているところから、かつてのようにグラス・スティーガル法の再立法化は無理なのです。しかし、かつてのような構造的分離ができなくても、今日の銀行持ち株会社の下で、預金金融機関と証券売買取引機関を構造的に完全に分離することは可能です。例えば、巨大な銀行持ち株会社の下で、証券売買取引機関を完全所有子会社として切り離すというような制度的改革を行えば、証券売買取引機関に商取引において倫理観の喪失すなわちモラル・ハザードは生じにくくなるはずだからです。

　いずれにしても「大きすぎてつぶせない」というリーマン・ショック時に起こった事態は、金融制度改革によって回避されないと、金融危機によ

るアメリカ国民への負担は、解消されることはありません。

## 第2節　新自由主義との決別

　ところで、今日の金融グローバリズムは、新自由主義経済政策と密接不可分にかかわっているということを見なければなりません。レーガン政権以来、アメリカにおいて実施されてきた経済政策は、金融の自由化と規制の撤廃ですが、その政策を通して、アメリカ経済に金融覇権を確立させ、

【第5図】　　トップ1%が得る所得のシェア（1975〜2014年）

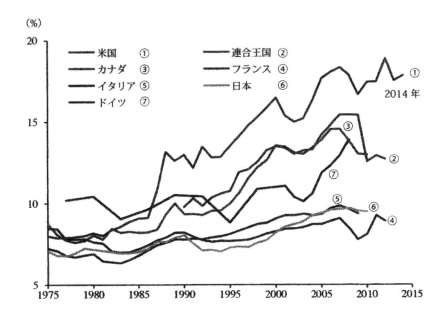

注：すべての国のデータはキャピタルゲインを除いてある。
〔出典〕『米国経済白書2016』蒼天社出版、2017年、19ページ、図1-1より。

株主重視と賃金抑制の体制を創出することが求められてきました。税制では、かつての累進課税制度が否定され、富裕者優遇の一律減税政策が、あたかも公平であるかのように実施されてきました。

　その結果アメリカ経済には、途方もない格差社会が形成されてきたことを金融グローバリズムとの関連で把握しなければならないのです。これを雄弁に物語る図が、「トップ１％が得る所得シェア（1975 ～ 2014 年）」（前ページの第５図）においてみることができます。これは、キャピタル・ゲインを除いてあるということですから、それを含めればさらにトップ１％の獲得する所得は多くなるはずですが、1980 年代から 2009 年の世界金融危機まで、常に金融危機後の景気回復期に格差が開いていることがわかります。金融危機において様々な手段で一部富裕層の所得を保障し、その後の景気拡大期に一気にまた格差を広げるという繰り返しが、新自由主義経済政策の実施によって行われてきました。

　こうした途方もない格差社会に直面し、最近アメリカの主力財界団体のひとつ、ビジネス・ラウンドテーブルが、新しい宣言を発表し、「企業の目的はすべての利害関係者（ステークホルダー）に奉仕することだ」といい始めました。この財界団体は、アメリカ大企業の最高経営責任者(CEO)たちによって構成され、現在の会長、ジェイミー・ダイモンは、J.P. モルガンの CEO です。この財界団体は、1997 年に「企業は主として株主に奉仕する」と述べ、「株主第一主義」を宣言し、今日に至っています。

　1997 年といえば、アメリカがニュー・エコノミーなどといわれ、株式価格は上昇の一途だったのですが、失業率が低位なのに賃金が上昇せず、株主だけが大儲けを続けた好景気の真っただ中だった時期です。この時期は、まさに企業の成長を株主のために最優先する新自由主義的考えが支配的な時期であり、企業統治は、株主のためにあるということが公然と主張されていました。労働者の賃金は削っても、株主への配当は減らさず、株価を上昇させることが、企業の CEO の役目であるといわれ続けてきたの

です。そうした経営をしない CEO は、株主から断罪され容赦なく首を切られる「株主資本主義」が理想のモデルとされていたのでした。しかし、その結果はどうだったでしょうか。新自由主義に基づく規制緩和と金持ち優遇税制によって、一部の富裕層が巨万の富を築く一方、貧困が広がり、貧富の格差が極端に開きました。それによって社会的に極めて不安定な状況がつくりだされているのです。

ビジネス・ラウンドテーブルの新宣言は、利害関係者として顧客、従業員、供給業者（部品など）、地域住民、株主の５者を上げ、次のような約束をすると述べています。

＊顧客に価値あるものを届ける

＊従業員に公正な給料を支払い、彼らの技術や能力の向上に注力する

＊供給業者と公正かつ真摯に取引し、大小を問わずほかの企業との良き協力関係に寄与する

＊地域住民に貢献し、企業活動を長期に維持可能とすべく環境を保護する

＊株主には長期の価値を生みだし、透明性を保ち、効果的な関係を維持する

新宣言では、企業、地域、国の将来的な成功のために、それらすべての価値をかなえることにかかわるとしています。

現在のトランプ政権は、エネルギー業界の利益を優先し、化石燃料野放し状況で、地球温暖化という今日私たちの社会の喫緊の課題を無視する事態が公然と取られています。多くのアメリカ国民に負担を強いる対中国高関税措置は、国民に不安を作り出しています。こうした社会不安の蔓延が、大企業の CEO たちにも実感される状況になっているのでしょう。

しかし、こうした状況の打開をアメリカ大企業の CEO たちだけに任せておくわけにはいきません。多くの国民の立場から、どのような処方箋が、書かれるべきなのでしょうか。

私たちはまず、「小さな政府論」を金科玉条のごとく振りかざし、一部の富裕層に富を蓄積し、多くの国民に貧困の蓄積をもたらしてきた新自由主義と決別しなければなりません。そのためには、国民の大多数の立場に立った「賢明な政府」を創らなければなりません。

　そしてこの「賢明な政府」は、まず、レーガン政権以来一貫して取られてきた富裕層優遇の税制を国民の立場から変革することが必要です。それには富裕層と大企業への課税の強化です。所得税の累進性を強化し、富裕層、ウォール街の投機家たちに増税をすることです。現在トランプ政権の下で 2017 年 12 月には「減税および雇用法」が成立し、富裕層優遇と大企業支援の税制が取られていますが、オバマ政権下で、そうした富裕層優遇の税制に一撃を加える提案がなされ、実現はしませんでしたが、将来的展望を与えるものとして注目すべき税制があります。それは、バフェット・ルールという税制の考え方です。バフェット・ルールとは、年収 100 万ドルを超える高額所得者は、実効税率を少なくとも 30％以上にし、そうした人たちは、減税や補助金を受けるべきではなく、一方、人口 98％を占める年収 25 万ドル以下のアメリカ人には、増税すべきではないという税制上のルールのことをいいます。

　実効税率とは、限界税率と異なって、納税者の全収入に対する税率のことをいうのですが、事の始まりは、世界的な大富豪ウォーレン・バフェット氏が、彼の秘書たちの実効税率が 30％程度なのに自分の実効税率が 17.4％程度であるのに驚き、それはおかしいといい始めたことによるといわれます。オバマ大統領がそのアイディアを拝借し、大統領の施政方針を国民に訴える一般教書演説で披露されたものですが、2012 年 3 月 31 日、このルールを早急に法制化すべきだと議会に要請します。議会はこれを成立させませんでしたが、この税制改革の基本は、所得の高さに応じた応能負担の原則であり、新自由主義者の主張する税負担の水平的公平に対して垂直的公平を訴えたものとして重要です。

アメリカにおける税制の歴史的流れを概観しますと、中間所得層の実効税率は、1960年代から70年代にかけては上昇気味でしたが、その後安定的に20％程度で今日までに至っています。ところが、所得上位0.1％の高額所得層の実効税率は、レーガン政権期、新自由主義経済政策が展開した80年代から急速に低下し始め、ブッシュ減税によって30％を切るところまでいったのです。オバマ政権下、2013年1月2日に成立した「2012年米国納税者救済法」の制定によってはじめて30％以上に上昇することになりましたが、トランプ減税で元の木阿弥です。

　今日「賢明な政府」の中長期的課題として、潜在的成長能力を増大させ、いかにして持続的経済成長を図るのかがあります。トランプ政権は、減税と規制撤廃によって、経済成長を解き放つなどといっていますが、減税と規制撤廃は短期的効果が期待できたとしても、中長期的な経済成長は、政府が積極的にどのような経済成長を図るかの政策に依存します。なかには、「もう経済成長は必要ない、重要なのは分配だ」とする議論がありますが、それは間違いです。なぜなら、これは日本も同じですが、国の財政赤字が深刻な状況では、GDPの成長は、税収を上げる基本条件だからです。ついでにいっておきますと、日本の財政赤字が深刻なのは、新自由主義的構造改革で、株価の上昇と内部留保の増大があっても賃金が上昇せず、また消費増税などによって、GDPの多くを占める個人消費が低迷しているからなのです。

# まとめにかえて

## ―最低賃金の大幅上昇と分配の公平性を求めて―

　国民本位の潜在的成長能力の拡大は、どのように行われるべきなのでしょうか。労働が価値を創り出すわけですから、労働生産性の上昇が、産出、賃金、所得の成長に形を変えていきます。労働生産性は、複数の要因によって上昇すると考えられますが、経済学では、一般に、①労働者1人当たりの資本（資本深化ということがあります）の増加、②より経験を積み、教育訓練を受けて生じる労働スキルの向上、そして、③発明、技術改良、生産工程の改善などの技術的進歩の三つの要因が働いて、労働生産性は向上すると考えます。労働生産性は、産出を労働時間で割った値になりますから、労働生産性の成長率は、産出の成長率から労働投入（労働時間）の成長率を差し引いたものになり、それは、1時間当たりの産出の成長率となります。産出の成長率が労働投入の成長率を上回りませんと、労働生産性の上昇はありませんし、逆に下回れば、マイナス成長となってしまいます。

　それに対して、技術進歩をあらわす全要素生産性（TFP）の成長率は、産出の成長率から、生産への投入物（これは、労働投入と資本投入）の成長率からのみ生じると考えられる産出の成長率を差し引いたものとなります。産出の成長率が高く、労働投入の成長率や資本投入の成長から生じると考えられる産出の成長率が低ければ、技術進歩から生じると考えられる全要素生産性の成長率はそれだけ高くなるということになります。

アメリカの場合、戦後1948年から2012年にかけて、労働生産性は、1時間当たり4倍以上の産出を生み出せるという結果を労働統計局が発表していますが、その38％は労働者が自分で取り扱うことのできる資本量の増加によるものであり、10％は労働スキルの改善によるものであり、残りの52％が全要素生産性によって計測される幅広い技術進歩の上昇によるものであるとします。つまり、戦後のアメリカの労働生産性の上昇は、その多くが技術革新によって成し遂げられたものなのです。

　したがって「賢明な政府」がやるべきことは、技術開発を支援することです。さらに、科学、技術分野において教育を通じて人的資本を開発することです。とりわけ基礎研究は、民間では限界があるため大学、公的研究所のような非営利の組織が重要性を発揮するでしょう。

　ところで戦後アメリカの労働生産性は、急速に上昇はしましたが、すべてのアメリカ人にあまねくその恩恵が所得の増加として実現されたわけではありません。生産性と実質賃金を比較すると1970年代初め以降、格差は開くばかりです。1972年に比べて2013年9月末には1時間当たりの実質産出は107％も高くなったのですが、1時間当たりの実質平均賃金はわずか31％伸びたにすぎません。しかも過去30年間の不平等の拡大の印象的な変化の一つは、所得分布の最上位における所得の急増なのです。

　この要因を突き詰めると「制度の変化にあり、とりわけ最低賃金の実質価値の低下と労働組合の衰退が少なくとも所得分布の最底辺においては、80年代以降の不平等をほとんど説明できる」とオバマ政権の経済政策担当者たちは見つけ出しました。1980年代以降の格差拡大の最大の要因は、最低賃金をインフレに合わせて調整することを怠ってきたからです。また、労働組合組織率の低下です。アメリカ労働者の組合組織率は、1983年の23.3％から2013年の12.4％まで低下しました。労働組合は、低・中所得の労働者の賃金引上げに重要な役割を持っています。また、スキルによる報酬格差を縮小しますから、この組織率の低下は、アメリカにおける所

得格差の拡大に寄与してきたといえるでしょう。

　しかしながら、従来から不平等を是正すると経済成長が阻害されるという議論が幅を利かせてきました。伝統的議論は、より不平等になると高額所得者家計によって多くの貯蓄が形成され、その結果、より高い産出に導くというものです。けれども、最近では、不平等が深刻化すると経済成長が妨げられるという見解が有力になってきました。その第一の理由は、不平等が広がれば、教育をあまねく国民に施すことができず潜在成長力が低下するからです。貧富の差は、教育の差につながりますから、貧しい家計の子弟は、まともな教育を受けることができず、労働生産性という点からマイナス効果になるからです。第二の理由は、リスクをとる起業家精神が不平等の進行により削減されるからです。競争のスピリットが減退するといってもいいでしょう。第三の理由は、不平等の広がりによって政治的不安定性が増加し、経済の不確実性が高まることによるマイナス効果です。

　成長と不平等との関係についてのエコノミストの理解が進むにつれ、効果的な方法を採用し、不平等を削減する経済政策の実施が、成長を解きはなつための重要な条件となっています。金融グローバリズムが横行する不安定極まる社会から、「ルールある経済社会」を創出するにあたって、全国一律の最低賃金の大幅上昇の意義は、極めて大きいといえるでしょう。

**萩原伸次郎**（はぎわら・しんじろう）

1947年、京都市生まれ。東京大学大学院経済学研究科博士課程単位修得退学。横浜国立大学経済学部教授、同学部長、米国マサチューセッツ大学経済学部客員研究員などを経て、現在、横浜国立大学名誉教授。

著書に、『アメリカ経済政策史―戦後「ケインズ連合」の興亡』（有斐閣）『世界経済と企業行動―現代アメリカ経済分析序説』『新自由主義と金融覇権―現代アメリカ経済政策史』（大月書店）『米国はいかにして世界経済を支配したか』（青灯社）『世界経済危機と「資本論」』『日本の構造「改革」とTPP』（新日本出版社）など。

金融グローバリズムの経済学
　　―格差社会の形成と世界金融危機の勃発―

2020年1月1日　第1刷発行
著　者　© 萩原伸次郎
発行者　竹村正治
発行所　株式会社かもがわ出版
　　　　〒602-8119　京都市上京区堀川通出水西入
　　　　TEL075-432-2868　FAX075-432-2869
　　　　振替 01010-5-12436
　　　　ホームページ http://www.kamogawa.co.jp
　　　　製作　新日本プロセス株式会社
　　　　印刷　シナノ書籍印刷株式会社

　　　ISBN978-4-7803-1066-5　C0033